AF288430

Haftungsausschluss:

Bibliografische Informationen der Deutschen Nationalbibliothek

Die Deutsche Nationalbibliothek verzeichnet diese Publikation in der Deutschen Nationalbibliografie; detaillierte bibliografische Daten sind im Internet über http://dnb.dnb.de abrufbar.

1. Auflage 2025
© 2025 by Remote Verlag, ein Imprint der Remote Life LLC, Fort Lauderdale, Fl., USA
Alle Rechte vorbehalten. Vervielfältigung, auch auszugsweise, nur mit schriftlicher Genehmigung des Verlages.

Projektmanagement: Franziska Kellner
Lektorat und Korrektorat: Antje Nevermann, Luise Hartung, Markus Czeslik
Umschlaggestaltung: Verena Klöpper
Satz und Layout: Verena Klöpper
Abbildungen im Innenteil: ©Daniel Vogler

ISBN Print: 979-8-894740-09-6
ISBN Hardcover: 979-8-89474-023-2
ISBN E-Book: 979-8-894740-10-2
www.remote-verlag.de

info@remote-verlag.de

DANIEL VOGLER

UNSTOPPABLE:
PUNKROCK
YOUR
BUSINESS

MEIN REBELLISCHER WEG
ZU FREIHEIT UND ERFOLG

Remote
Verlag

www.remote-verlag.de

INHALTSVERZEICHNIS

Es ist nicht wichtig, dass dich Menschen komplett kennen; wichtiger ist, dass das, was sie von dir kennen, echt ist.

MUSIK & COMMUNITY

Selbst gemacht schmeckt's am besten! Das gilt auch für Punkrock – eine Musikrichtung, die Mitte der 1970er-Jahre in Großbritannien und den USA entstand. Zwar behauptet der Sänger Archi (MC Motherfucker) von der mittlerweile pensionierten deutschen Punkband »Terrorgruppe« bis heute, er habe 1975 den Punk erfunden, doch belegen lässt sich das nicht.

Kernelemente des Punkrocks sind raue Klänge und aggressive Rhythmen, die mit E-Gitarre, Bass und Schlagzeug erzeugt und zelebriert werden. Mehr braucht es nicht, um Songs zu kreieren, die häufig provokativ, gesellschaftskritisch und politisch sind.

In diesem Buch halte ich mich bei den Songzitaten – die du über das gesamte Werk verteilt findest – nicht immer zu 100 Prozent an das Punkrock-Genre. Stattdessen lege ich mehr Wert auf die Attitüde, die man als Hörer spürt, wenn einen die individuelle und rebellische Kunst auch von Künstlern außerhalb des Genres erreicht.

Wenn man in genau diesem Moment am liebsten die Tür eintreten möchte und gleichzeitig fähig ist, diese Energie in etwas Positives umzuwandeln, dann, lieber Leser, befindest du dich an dem Punkt, den ich als Punkrock – im weiteren Sinne auch als »Punkrock-Business« – verstehe.

Punkrock gehört zum Leben und damit auch zum Lesen dazu. Du möchtest noch mehr aus dem Buch »Unstoppable: Punkrock your Business« herausholen und dich mit anderen Gleichgesinnten vernetzen? Dann tritt unserer Community bei und melde dich für unsere Punkrock-Business-News an.

Was bringt dir das konkret?

- Alle Tipps aus dem Buch kompakt & digital: Du erhältst unsere wichtigsten Inhalte auf den Punkt gebracht, damit du direkt durchstarten kannst.
- Exklusive Einblicke & Insider-Infos: Freu dich auf spannende Best-Practice-Beispiele, neue Ideen und Erfahrungsberichte aus der Punkrock-Business-Welt.
- Austausch mit einer starken Community: Vernetze dich mit Menschen, die wie du Lust haben, selbstbestimmt und authentisch zu arbeiten.
- Musikalische Inspiration: Entdecke, welche Songs und Playlists dir dabei helfen, deinen Arbeitsalltag mit voller Energie zu meistern.

So geht's weiter:

1. Scanne den QR-Code am Seitenende.
2. Registriere dich mit deiner E-Mail-Adresse für die Punkrock-Business-News.
3. Hol dir regelmäßig Updates, praktische Tipps und Community-Aktionen direkt in dein Postfach.

Gemeinsam bringen wir den Spirit von Punkrock in den Business-Alltag – leidenschaftlich, kreativ und frei. Jetzt kostenlos anmelden und Teil einer einzigartigen Bewegung werden!

VORWORT
VON ARTHUR ABRAHAM

Als ich gefragt wurde, ob ich ein Vorwort für Daniels Buch »Unstoppable: Punkrock your Business« schreiben möchte, habe ich nicht lange darüber nachgedacht. Daniel ist ein besonderer Mensch und ich unterstütze ihn gern. Unsere erste Begegnung fand in einer Bar statt – typisch Daniel, könnte man sagen. Von Anfang an war klar: Er ist ein Macher, ein Typ, der nie stillsteht, voller Energie und Ideen. Wenn ich an ihn denke, fällt mir immer wieder ein Wort ein: Rebellion. Nicht im negativen Sinne, sondern als etwas Positives. Daniel rebelliert gegen Stillstand, gegen Langeweile, gegen das Mittelmaß.

Ich selbst bin Boxer und ich weiß, wie wichtig es ist, immer nach vorne zu gehen, niemals aufzugeben und sich nicht mit dem zufriedenzugeben, was man erreicht hat. Genau das sehe ich auch bei Daniel. Sein Ring ist das Business und darin kämpft er mit genauso viel Leidenschaft und Disziplin, wie ich es aus meinem Sport kenne. Was mir besonders gefällt: Er verbindet diese Attitüde mit einer großen Portion Menschlichkeit und Authentizität. Und genau das macht ihn – und dieses Buch – aus.

Wenn ich an unsere gemeinsamen Erlebnisse denke, bleiben vor allem die positiven Momente hängen. Ob bei ihm zu Hause mit Freunden oder bei seinen verrückten Ideen, die er einfach in die Tat umsetzt – Daniel schafft es immer, Menschen zu begeistern. Das zeigt, dass er nicht nur ein erfolgreicher Unternehmer ist, sondern auch ein guter Mensch. Und das ist für mich das Wichtigste.

Dieses Buch ist genauso wie Daniel: Es ist laut, direkt, rebellisch und gleichzeitig voller Herz. Es zeigt, wie man mit Attitüde, Authentizität und einem klaren Ziel nicht nur seine Karriere, sondern auch sein Leben rocken kann. Ich wünsche dir, lieber Leser, dass du genauso viel Energie und Inspiration aus diesem Buch ziehst wie ich aus meiner Freundschaft zu Daniel.

Auf dass du deinen eigenen Ring findest und ihn mit voller Power betrittst!

Arthur Abraham

VORWORT
VON EDGAR K. GEFFROY

In einer Zeit, in der wir von Standards und Gleichförmigkeit überschwemmt werden, ist dieses Buch ein Manifest für diejenigen, die sich trauen, anders zu sein und etwas zu bewegen.

Daniel Vogler verbindet in seinem Werk zwei Welten, die auf den ersten Blick unterschiedlicher nicht erscheinen könnten, aber bei genauerem Hinsehen denselben Kern haben: Punkrock und Business. Beide leben von Authentizität, einer starken Attitüde und der Fähigkeit, andere Menschen zu inspirieren und mitzureißen. Diese Verbindung ist nicht nur innovativ, sondern auch notwendig in einer Gesellschaft, die sich zunehmend nach authentischen Führungspersönlichkeiten sehnt.

Business ist nichts anderes als das Spiel mit Energie, Kreativität und dem Mut zur Rebellion – genau wie Punkrock. Es geht darum, Konventionen zu hinterfragen, Regeln zu brechen und den eigenen Weg kompromisslos zu gehen. Besonders beeindruckt hat mich dieses Konzept, da ich in jungen Jahren selbst Teil einer professionellen Hardrock-Band war, deren Schallplatte erst kürzlich in den USA wiederveröffentlicht wurde.

Als ich in meiner zweiten Karriere als Unternehmensberater – die glücklicherweise wesentlich erfolgreicher war als meine Hardrock-Karriere – vor 30 Jahren den Begriff »Clienting« prägte und postulierte, dass es nicht um Produkte, sondern um Menschen geht, war das genauso rebellisch wie ein Rocksong. Die Idee, dass Beziehungen – und nicht Verkaufszahlen – im Mittelpunkt stehen, hat damals viele irritiert, aber sie hat sich durchgesetzt.

Daniel verfolgt eine ähnliche Mission: Er zeigt, dass Business mit Seele und Haltung nicht nur möglich, sondern notwendig und auch deutlich erfolgreicher ist.

Dieses Buch ist mehr als ein Leitfaden für Geschäftsleute. Es ist eine Einladung, mit der Energie und Leidenschaft eines Rockstars an das eigene Leben und Business heranzugehen. Es fordert uns auf, mutig zu sein, Risiken einzugehen und dabei die Menschlichkeit niemals aus den Augen zu verlieren. Denn es ist die Kombination aus Rebellion und Authentizität, die zu wahrer Inspiration und nachhaltigem Erfolg führt.

Daniel Vogler hat mit »Unstoppable: Punkrock your Business« ein Buch geschrieben, das genau den Nerv unserer Zeit trifft. Es ist ein Weckruf für all jene, die glauben, der Status quo reiche aus. Glaubt mir: Er reicht nicht! Die Zukunft gehört denjenigen, die sich trauen, anders zu denken, anders zu führen und anders zu handeln. Daniel ist einer dieser jungen Macher, die unsere Wirtschaft so dringend braucht!

Ich empfehle, dieses Buch nicht nur zu lesen, sondern die Werte, die Daniel Vogler hier vermittelt, auch zu leben. Lass dich von Daniels Geschichten inspirieren und rocke deine Karriere. Denn letztlich gilt: Wer nicht erschafft, wird überrollt.

Edgar K. Geffroy

TEIL 1:

WARUM WAHRES BUSINESS WIE PUNKROCK IST

VOM DEALER ZUM UNTER-NEHMER

**»It all keeps adding up
I think I'm cracking up
Am I just paranoid?
Or am I just stoned?«**

Basket Case (Green Day)[1]

Stell dir vor, du stehst mitten im Görlitzer Park in Berlin. Überall Grasgeruch, Typen mit Hoodies, die ihre Geschäfte abwickeln. Die meisten meiden solche Orte lieber. Aber genau hier beginnt die Geschichte eines Unternehmers, die so real wie überraschend ist. Kein Märchen, keine ausgedachte Story, sondern die echte Transformation meines Dealers, der vom Straßenrand ins Business aufsteigt.

Diese Geschichte klingt nach Hollywood, aber sie ist Realität. Viele übersehen, dass selbst in diesem Milieu unternehmerische Fähigkeiten stecken – mehr, als man auf den ersten Blick erkennt. Dieser Typ hatte das, was viele CEOs heute predigen: Er wusste, wie man Menschen für sich gewinnt, wie man unter Druck agiert und vor allem, wie man kämpft – für das, was wichtig ist, und das, was man erreichen will.

Auch ich zählte zu seinen Kunden für ein bisschen Marihuana. Wir verstanden uns gut, es ging längst nicht mehr nur um den Austausch von Ware und Geld. Irgendwann sprach ich ihm ins Gewissen: Er konnte nicht ewig als Drogendealer weitermachen. Der Wendepunkt kam, als er Vater wurde. Plötzlich war da nicht mehr nur die Straße, sondern ein kleines Kind, für das er Verantwortung tragen musste. Die Frage war klar: Wie lange will er das hier noch machen? Was kann er tun, um seinem Kind eine bessere Zukunft zu bieten? Schließlich beschwerte er sich doch selbst immer über das Umfeld, in dem er aufgewachsen war, und erklärte mir, dass vieles im Leben nicht so einfach ist, wenn man aus derartigen Verhältnissen stammt. Es wäre leicht gewesen, ihn in die gesellschaftliche Schublade zu stecken und abzuschreiben. Doch statt ihn zu verurteilen, nahm ich ihn zur Seite und wir begannen, Pläne zu schmieden.

Gemeinsam überlegten wir, wie er seine Fähigkeiten in etwas Nachhaltiges verwandeln kann. Seine Skills? Menschen überzeugen, Kontakte knüpfen, schnell und selbstständig agieren. Warum also nicht diese Talente für etwas Positives nutzen? Warum nicht etwas aufbauen, das ihn und seine Familie auf legalem Weg versorgt? Wir rechneten durch, wie viele legale Produkte, zum Beispiel Burger, er verkaufen müsste, um gut davon leben zu können. Und plötzlich war sie da, die Vision: ein eigenes Café. Sogar mit Liebe im Namen und einer echten Botschaft dahinter. Wer hätte das gedacht?

Heute steht er kurz vor der Eröffnung seines Cafés. Er, der Typ, den man früher als hoffnungslosen Fall abgetan oder – schlimmer noch – gar nicht wahrgenommen, sondern in seiner Parallelwelt sitzen gelassen hätte (in der man sich übrigens selbst auch befände, würde man zu viel von seiner Ware konsumieren). Jetzt ist er Unternehmer, hat es geschafft, aus seiner Vergangenheit heraus etwas Neues aufzubauen. Was das beweist? Mit der richtigen Einstellung und etwas Unterstützung kannst du alles verändern, ohne deine Seele zu verkaufen.

Das ist Punkrock im Business. Es beginnt beim Menschen und endet auch bei ihm. Es führt von der rebellischen Idee hin zum finanziellen Erfolg. Du musst nicht angepasst sein, um erfolgreich zu sein. Du musst nur deinen eigenen Weg finden und dabei auf echte Werte setzen. Diese Geschichte zeigt dir vor allem eines: Du kannst das auch.

GESCHICHTEN, DIE DER PUNKROCK SCHREIBT

»Junge, warum hast du nichts gelernt? Guck dir den Dieter an, der hat sogar ein Auto.«

Junge (die ärzte)[2]

Punkrock und Business – zwei Parallelen, die auf den ersten Blick nichts miteinander zu tun haben. Doch wer genau hinschaut, erkennt, dass beide von derselben Energie angetrieben werden: dem Drang, die eigenen Regeln zu machen und sich von niemandem etwas vorschreiben zu lassen. Genau diese Haltung hat mich durch mein Leben begleitet und prägt mich noch heute.

Mit 16 stand ich das erste Mal mit meiner eigenen Band auf der Bühne. Wir waren weit davon entfernt, perfekt zu sein, aber das war auch nie das Ziel. Es ging darum, etwas Eigenes zu schaffen, die Bühne zu erobern und das Publikum mitzunehmen. Wir hatten keinen Plan B, keine Absicherung – nur den festen Willen zu machen, was wir wollten. Das war mein Einstieg in etwas, das mir bewies: Wenn du durchziehst, was dein Herz dir vorgibt, gehst du nie falsch, auch wenn die äußeren Umstände alles andere als ideal aussehen.

Konzert im »KAOS«

Drei Bands für 200 Jugendliche in Fuchsstadt

Fuchsstadt (hfx/vä). In Fuchsstadt war am Wochenende wieder etwas für die jüngere Generation geboten. Nach den Gruppen B.K. Sucks und Tagtraum engagierten die Verantwortlichen des Jugendheims wieder drei Bands für ein abendfüllendes Programm. Und das kam unter fast 200 Jugendlichen aus dem Landkreis gut an.

Die Gruppen Helios (Obereschenbach), Legal (Fuchsstadt/Machtilshausen) und Exit (Schwärzelbach) trafen mit ihrer Musik genau den Geschmack der jungen Zuhörer. Neben Cover-Versionen und Parodien von bekannten Liedern spielte die Obereschenbacher Formation beispielsweise auch eige-ne Stücke wie „So alone", bei dem die schrille Mundharmonika gut mit der Stimme von Sängerin Sabine Holzinger vibrierte.

Gut aufeinander abgestimmt war auch die Gruppe Legal. In Fuchsstadt haben sie gezeigt, daß ihre Musikrichtung einen eigenen Stil schafft: Mal schnell und hart, dann langsam und melancholisch. Abwechslungsreich war auch Exit, die am kommenden Samstag im Hammelburger Rathauskeller ihren nächsten Auftritt haben. Im Jugendheim „Kaos" haben sie auf jeden Fall gezeigt, daß ihr Fun-Punk mit dem schnellen Schlagzeugbeat und den deutsch-englischen Texten die Jugendlichen anheizt.

Ein abendfüllendes Programm bescherten die drei Bands beim Konzertabend im Jugendheim – hier die Gruppe „Exit". hfx/Foto: Schaffelhofer

Dieses Gefühl, das auf der Bühne entstand, ließ sich später direkt aufs Business übertragen. Auch hier gibt es keine Garantie, dass alles glattläuft. Aber genau wie damals auf der Bühne geht es darum, sich zu trauen, den ersten Schritt zu machen – und dann den nächsten, egal was kommt. Improvisation war schon in der Band ein wichtiges Werkzeug und das ist im Business nicht anders. Wenn ein Plan scheitert, findest du einen neuen Weg.

Punkrock hat mir gezeigt, dass es nicht darum geht, immer vorbereitet zu sein. Es geht darum, sich den Herausforderungen zu stellen und dabei seinen eigenen Weg zu finden. Dieses Prinzip gilt genauso im Business: Mach, was du für richtig hältst, und lass dich nicht von der Angst vor dem Scheitern aufhalten.

Heute verbinde ich Punkrock und Business ganz bewusst. Im Unternehmen herrscht die gleiche Energie, die ich von Konzerten kenne: die Bereitschaft, anders zu sein, Neues auszuprobieren und dabei immer authentisch zu bleiben. Wir haben sogar eine Band, die aus Mitarbeitern besteht, die beim Sommerfest auftreten. Das ist kein Zufall. Es zeigt, wie stark diese Kultur bei uns verankert ist.

Punkrock ist nicht nur eine Erinnerung an die Jugend, sondern eine lebendige Kraft, die uns antreibt, das Business mit derselben Leidenschaft und Aufrichtigkeit zu führen wie damals die Musik. Im Business, genauso wie auf der Bühne, geht es um eines: sich treu zu bleiben und mit vollem Einsatz das zu tun, woran man glaubt.

FRÜHER WAR ICH EIN SCHNÖSEL

»Take my body, take my soul. But don't take my Rock 'n' Roll.«

Don't Gimme That (The BossHoss)[3]

Tatsächlich war ich von Kindesbeinen an Punkrocker, allerdings verlor ich auf dem Weg ins Erwachsenenleben eine Zeit lang das, was mir heilig war: den Punkrock in mir. Das geschah nicht über Nacht, sondern schleichend. In meiner Teenagerzeit war dieser Lifestyle alles für mich. Doch mit dem Übergang ins Erwachsenenleben änderten sich die Prioritäten. Plötzlich ging es darum, Karriere zu machen, Geld zu verdienen und im Business zu bestehen. Der rebellische Geist, den ich so geliebt hatte, verschwand allmählich.

Anfangs war ich noch der Typ, der sich mit 16 auf der Bühne einer Punkrock-Band ausgetobt hatte, der keine Regeln akzeptierte und seinen eigenen Weg ging. Die Banklehre und den Einstellungstest bei der bayerischen Polizei konnte ich erfolgreich verhindern. Ein Erlebnis, das mir besonders in Erinnerung blieb, war, wie ein Kumpel und ich auf dem Gelände der Bereitschaftspolizei zum dreitägigen Eignungstest antraten: Gleich am ersten Abend besaßen wir die Dreistigkeit, gemütlich und inmitten von Polizisten auf dem Balkon des Kasernenhochhauses einen Joint zu bauen und auch genüsslich zu rauchen. Kein Wunder, dass es nichts wurde mit der Polizistenkarriere. Der Typ, mit dem ich das durchzog – oder besser gesagt einen durchzog –, war Mitglied einer befreundeten Band, mit der wir dann sogar unseren ersten Auftritt hatten.

Doch mit Beginn meiner Kaufmannslehre änderte sich mein Leben. Ich trat in die Geschäftswelt ein, wo man mir sagte, dass Erfolg einen bestimmten Dresscode und ein bestimmtes Verhalten erfordert. Also passte ich mich an – und verlor dabei allmählich den Zugang zu dem, was mich einst ausgemacht hatte.

Als ich meinen ersten Anzug anzog, kapitulierte ich ein Stück weit. Auf den Messen, mit ordentlich gebundener Krawatte und gebügeltem Hemd, versuchte ich, in einer Umgebung Fuß zu fassen, die anders war als alles, was ich kannte. Der Punkrocker in mir verstummte immer mehr, je stärker ich mich in diese Schablone presste.

Ich wurde ein Schnösel, ohne es zu merken. Alles drehte sich um das nächste Karriereziel, um Anerkennung und darum, die Erwartungen anderer zu erfüllen. Der Punkrock, der einst für Rebellion und Authentizität stand, verschwand immer mehr aus meinem Leben. Ich lebte ein Leben, das sich korrekt und erfolgreich anfühlte, aber nicht echt.

Ein Erlebnis, das mich zum Nachdenken brachte, war ein Klassentreffen. Ich erschien in öden, nichtssagenden Klamotten und bemerkte, wie mich meine alten Freunde kaum wiedererkannten. Sie kannten den Typen, der auf Punkrock-Konzerten alles gab, nicht den glatt gebügelten Geschäftsmann, der jetzt vor ihnen stand. In ihren Blicken spiegelte sich die Frage:»Was ist aus dir geworden?«

Doch der endgültige Weckruf kam, als ich eines Tages mit einem Kollegen im Auto unterwegs war. Wir saßen zusammen und ich drehte spontan Punkrock auf. Völlig irritiert schaute er mich an und sagte:»Ich habe dich ganz anders eingeordnet, eher als Schnösel.« Dieser Satz traf mich hart. Mir wurde bewusst, wie mein äußeres Erscheinungsbild und meine Verhaltensweise im Widerspruch zu meiner eigentlichen Identität standen. Der Spruch »Kleider machen Leute« ist wahr, doch das äußere Erscheinungsbild führt dann auch gern mal in die Irre.

Derselbe Kollege gestand mir sogar Jahre später, dass er während meiner Schnöselphase mein dickes Auftragen als Grund gesehen hätte, bei unserem Unternehmen zu kündigen – so falsch hatte er mich allein aufgrund meines Auftretens eingeschätzt. Mittlerweile ist er Teil unseres mittleren Managements.

Ich hatte mich damals angepasst, hatte versucht, jemand zu sein, der ich nicht wirklich war, und dabei den Kontakt zu mir selbst verloren. Der Punkrocker in mir war nie wirklich weg – nur verschüttet. Es dauerte, bis ich ihn wieder ausgegraben hatte, aber ich verstand, dass ich diesen Teil von mir zurückholen musste: für mein eigenes Wohl und auch für meinen Erfolg.

Die Rückkehr des Punkrocks in mein Leben war wie eine Wiederentdeckung meiner Wurzeln. Ich erkannte, dass ich nicht zwischen Punkrock und Business wählen muss. Beides lässt sich verbinden: den Anzug zu tragen, wenn es sein muss, aber dabei nie meine rebellische, authentische Seite zu verlieren. Der Schnösel war nur eine Phase, eine Lektion auf dem Weg, die mir zeigte, dass echter Erfolg nicht darin liegt, sich anzupassen, sondern darin, sich selbst treu zu bleiben.

Heute weiß ich: Ich kann im Anzug auftreten und dennoch Punkrocker bleiben. Der Unterschied zu damals? Jetzt bestimme ich selbst, wer ich bin und wie ich auftrete. Punkrock und Business sind keine Gegensätze, sondern zwei Seiten derselben Medaille – meiner Medaille. Und nicht nur das: Sie ergänzen sich hervorragend! Seit ich mein wahres Ich wieder auslebe, bin ich erfolgreicher denn je, ziehe mehr Kunden an und führe die bestmöglichen Geschäftsbeziehungen. Mein Plädoyer deshalb: mehr Punkrock im Business.

MEHR PUNKROCK IM BUSINESS

»Auf dem Kreuzzug gegen die Ordnung und die scheinbar heile Welt zelebrieren sie die Zerstörung.«

Hier kommt Alex (Die Toten Hosen)[4]

Wenn ich eines gelernt habe, dann das: Business braucht mehr Punkrock. Das klingt vielleicht ungewöhnlich, aber je länger ich im Geschäft bin, desto klarer wird mir, wie es von der Energie und Haltung des Punkrocks profitieren kann. Punkrock steht für Unangepasstheit, Authentizität und den Mut, den eigenen Weg zu gehen – genau das fehlt oft im Business.

Früher dachte ich, man müsse sich anpassen, um erfolgreich zu sein. Glatte Anzüge, formelle Meetings und das ständige Spiel nach den Regeln, die andere aufgestellt haben – all das schien unverzichtbar. Doch je länger ich mitmachte, desto mehr spürte ich, dass etwas nicht stimmte. Ich war zwar »erfolgreich« im klassischen Sinne, aber es fühlte sich leer an.

Der Wendepunkt kam, als ich begann, den Punkrock wieder in mein Leben zu lassen. Mir wurde klar, dass Business mehr ist als Zahlen und Statistiken. Es geht um Menschen, ihre Ideen und Träume. Die besten Ideen entstehen oft aus Rebellion, aus dem Widerstand gegen das, was als normal angesehen wird. Genau hier kommt Punkrock ins Spiel.

Punkrock im Business bedeutet, mutig zu sein. Er steht dafür, Etabliertes infrage zu stellen und neue Wege zu gehen. Er bedeutet, nicht auf Erlaubnis zu warten, um etwas anders zu machen – sondern es einfach zu tun. Diese Haltung hat mein Business schon immer verändert, mit neuer Energie und einer Aufbruchsstimmung, die sich auf das gesamte Unternehmen überträgt.

Ein Beispiel dafür ist unsere Firmenkultur. Statt strikte Hierarchien zu pflegen, ermutigen wir jeden, seine Meinung zu sagen und neue Ideen einzubringen. Jeder soll sich trauen, Dinge auszuprobieren, auch wenn sie auf den ersten Blick nicht in den Business-Plan passen. Die Zielrichtung der Wirtschaftlichkeit und der Spielraum werden durch ein Spielfeld gekennzeichnet, das jeder versteht, lebt und vorlebt. Diese Freiheit führt zu Innovationen, die wir uns früher nie hätten vorstellen können. Es ist aber nur möglich, da wir ständig weiter daran arbeiten, unser Spielfeld zu erschaffen, das dann auch von allen Mitspielern gelebt wird.

Punkrock im Business bedeutet auch, authentisch zu sein. Es geht nicht darum, eine Rolle zu spielen oder sich zu verstellen, um Erwartungen zu erfüllen. Stattdessen zeigst du, wer du wirklich bist, ob im Handwerk, bei Dienstleistungen oder in der Industrie, und trägst das in dein Geschäft. Diese Authentizität schafft Vertrauen – bei Kunden, Partnern, Kollegen und den eigenen Mitarbeitern.

Die Zeiten, in denen ich versuchte, ein glatter Geschäftsmann zu sein, sind vorbei. Heute weiß ich, dass echter Erfolg nicht durch Anpassung kommt, sondern durch Mut und Echtheit. Mehr Punkrock im Business bedeutet, anders zu sein, ohne die eigene Integrität zu verlieren.

Letztlich geht es darum, dein Business auf deine Weise zu rocken. Das gelingt am besten, wenn du den Punkrocker in dir herauslässt – nicht nur auf der Bühne, sondern auch im Konferenzraum oder auf der Baustelle.

PUNKROCK IST KAPITALISMUS MIT SEELE

»What's the point of being on top? All the money in the world if I can't blow it all on you.«

Loser of the Year (Simple Plan)[5]

Kapitalismus kann kalt und seelenlos wirken – es sei denn, du bringst ein bisschen Punkrock ins Spiel! Auf den ersten Blick mag das unvereinbar erscheinen, doch genau hier liegt das Potenzial, Kapitalismus neu zu definieren. Nicht als System, das nur auf Profit aus ist, sondern als Möglichkeit, Werte zu schaffen, die weit über das Materielle hinausgehen.

Punkrock steht für den Mut, anders zu sein, für die Leidenschaft, eigene Wege zu gehen, und für den unbedingten Willen, sich nicht von Konventionen einschränken zu lassen. Diese Haltung passt erstaunlich gut zu einem Kapitalismus, der nicht nur das Geldverdienen im Blick hat, sondern auch danach strebt, etwas mit Bedeutung und Tiefe aufzubauen.

Ich habe das am eigenen Leib erfahren. Früher dachte ich, dass Kapitalismus bedeutet, so viel Geld wie möglich zu verdienen, egal wie. Das Buch »Die Gesetze der Gewinner« von Bodo Schäfer[6] ist in dem Zusammenhang eine der Lektüren, die ich verschlungen, immer wieder weiterempfohlen und auch oft zitiert habe. Mit Anfang 20 hatte ich das Ziel, mit 40 symbolisch in Rente zu gehen. Doch je mehr ich mich mit Punkrock auseinandersetzte, desto mehr verstand ich, dass echter Erfolg nicht nur auf dem Konto sichtbar wird, sondern auch in den Beziehungen, die man aufbaut, in den Menschen, die man inspiriert, und in der Art, wie man seine Geschäfte führt.

Punkrock hat mir gezeigt, dass es möglich ist, erfolgreich zu sein, ohne seine Seele zu verkaufen. Kapitalismus mit Seele bedeutet, dass du dir treu bleibst, auch wenn der Druck, dich anzupassen, zunimmt. Triff Entscheidungen, die nicht nur dir, sondern auch anderen zugutekommen. So begegnest du den Menschen, die für dich oder mit dir arbeiten, mit Respekt und Fairness und gibst ihnen die Freiheit, ihre eigenen Ideen einzubringen.

In unserem Unternehmen habe ich versucht, genau das umzusetzen. Wir sind natürlich darauf aus, erfolgreich zu sein, aber nicht um jeden Preis. Uns geht es darum, etwas zu erschaffen, das Bestand hat, das authentisch ist und das den Menschen, die daran beteiligt sind, etwas zurückgibt. Das ist Punkrock. Und das ist Kapitalismus mit Seele.

Ein Blick auf die großen Punkrock-Bands zeigt, wie eng diese Verbindung ist. Nehmen wir Die Toten Hosen oder die ärzte – beides Bands, die für ihre rebellischen Texte und ihre Unabhängigkeit von kommerziellen Zwängen der Musikindustrie bekannt sind. Aber was machen sie? Sie verkaufen Merchandise in riesigem Umfang, bieten limitierte Fanartikel an, füllen Arenen und leben den Kapitalismus, indem sie ihre Marken konsequent vermarkten. Es geht nicht nur um die Musik, sondern um das gesamte Erlebnis, das sie ihren Fans bieten – und das ist Kapitalismus in seiner reinsten Form.

Trotzdem zeigt das auch, wie Kapitalismus und Punkrock harmonieren können, wenn man es richtig macht. Die Toten Hosen und die ärzte verkaufen nicht nur Produkte, sie bieten ihren Fans etwas, das von Herzen kommt. Ihr Kapitalismus hat Seele, weil er auf echter Leidenschaft basiert, nicht auf leeren Versprechungen. Es ist diese Echtheit, die ihre Fans schätzen und die ihren Erfolg ausmacht.

Genau hier liegt die Stärke von Kapitalismus mit Seele: Er verbindet wirtschaftlichen Erfolg mit echten Werten und schafft etwas, das nicht nur Bestand hat, sondern auch inspiriert und bewegt. Wenn du Punkrock und Kapitalismus kombinierst, entsteht eine Kraft, die weit über den reinen Profit hinausgeht – eine Kraft, die echte Veränderungen zum Guten bewirken kann.

LEKTIONEN AUS DEM PUNK-ROCK

»Shut your eyes now
The world looks better
With the lights out
This is our time now
To create and invent.«

So long (Donots)[7]

Punkrock hat mir mehr beigebracht, als jedes BWL-Studium dieser Welt es je könnte. Es ist nicht nur ein Soundtrack für Rebellion, sondern auch eine Schule des Lebens. Die Lektionen, die ich aus dem Punkrock mitgenommen habe, sind die, die mich durch die Höhen und Tiefen meiner Karriere getragen haben. Sie sind direkt, unverblümt und unglaublich wertvoll – sowohl im Privatleben als auch im Business.

Improvisation und Kreativität:

Im Punkrock gibt es kein perfektes Timing, kein ausgeklü-geltes Marketingkonzept und keinen Plan B. Du gehst auf die Bühne und ziehst dein Ding durch, egal was passiert. Diese Fähigkeit zur Improvisation ist im Business Gold wert. Ich er-innere mich an die ersten Auftritte mit meiner Band. Wir hatten keinen Plan, was wir genau taten, aber wir machten weiter, selbst wenn der Gitarrist fehlte oder die Technik versagte. Diese Fähigkeit, spontan zu reagieren und trotzdem weiterzu-machen, hat mir in meiner Business-Karriere immer wieder geholfen. Wenn ein Projekt ins Stocken gerät oder unerwartete Probleme auftauchen, erinnere ich mich daran: Im Punkrock gibt es kein Aufgeben – du machst einfach weiter mit dem, was du hast.

Authentizität und Selbsttreue:

Punkrock bedeutet, du selbst zu sein, egal was andere denken. Verrate deine Werte nicht, nur um zu gefallen oder Erfolg zu haben. Diese Lektion wurde für mich besonders wichtig, als ich merkte, dass ich mich im Business immer mehr anpass-te und dabei meine eigene Stimme verlor. Der Punkrocker in mir half mir, meine Authentizität wiederzufinden. Heute weiß ich, dass echter Erfolg nur möglich ist, wenn du dir selbst treu bleibst – und das gilt für alle Bereiche des Lebens. Es geht nicht darum, jedem zu gefallen, sondern darum, die anzuspre-chen, die deine Werte teilen und schätzen.

Der Wert von Gemeinschaft:

Im Punkrock steht die Gemeinschaft im Vordergrund. Es geht nicht um Hierarchien oder darum, wer das Sagen hat, sondern darum, zusammen etwas zu erschaffen. Diese Haltung habe ich in unserem Unternehmen eingebracht. Wir sind keine anonyme Masse von Mitarbeitern, sondern ein Team, das zusammenhält, einander unterstützt, gemeinsam wächst und Spaß hat. Und je größer das Team wird, umso mehr braucht es Mitstreiter, die immer wieder darauf achten, dass wir bloß nicht den Spaß verlieren an dem, was wir tun. Zugegeben gelingt das nicht immer, aber man achtet auf sich und wenn mal dicke Luft herrscht, ist es an der Tagesordnung, die Stimmen dieser Mitstreiter ernst zu nehmen und zu reflektieren.

Das Prinzip habe ich von Punkrock-Konzerten gelernt, besonders im Moshpit. Ein Moshpit, also der Bereich vor der Bühne, in dem die Fans bei einem Konzert ausgelassen feiern und komplett abgehen, ist pure Energie. Man springt in die Menge, schubst und rempelt sich, lässt sich komplett von der Musik und der Stimmung treiben. Es ist ein Ventil für alles, was einen gerade bewegt. Und obwohl es wild aussieht, geht es dabei um Spaß und Gemeinschaft. Denn sobald jemand fällt, helfen die anderen sofort, ihn wieder auf die Beine zu bringen. Jeder ist Teil des Ganzen. Dieses Gefühl von Freiheit und Zusammenhalt macht einen Moshpit so besonders. Man lässt los, tobt sich aus und fühlt sich gleichzeitig sicher, weil man weiß, dass alle aufeinander aufpassen.

Genauso ist es in unserem Business. Jeder, egal ob auf oder vor der Bühne, ist Teil von etwas Größerem. Diese Kultur des Zusammenhalts und der gegenseitigen Unterstützung findet sich bei uns genauso. Ich habe immer daran geglaubt, dass eine starke Gemeinschaft mehr erreicht als ein Haufen Einzelkämpfer – und das beweist sich immer wieder.

Der Mut, anders zu sein:

Punkrock hat mich gelehrt, dass es nicht nur okay, sondern sogar notwendig ist, anders zu sein, wenn du etwas erreichen willst. Es war nicht immer leicht, in einer von Konformität geprägten Umgebung zu bestehen, aber der Punkrock in mir gab mir die Kraft, meinen eigenen Weg zu gehen. Im Business habe ich oft Entscheidungen getroffen, die auf den ersten Blick unkonventionell wirkten. Doch gerade diese Entscheidungen erwiesen sich als die besten, weil sie aus meinem inneren Antrieb kamen und nicht aus dem Bedürfnis, Erwartungen zu erfüllen.

Scheitern als Teil des Erfolgs:

Punkrock lehrt dich, dass Scheitern nicht das Ende ist, sondern ein neuer Anfang. Du stehst auf, schüttelst den Staub ab und machst weiter. Diese Lektion ist im Business unerlässlich. Es wird immer Rückschläge geben – Momente, in denen alles schiefgeht. Aber Punkrock hat mir gezeigt, dass Scheitern ein Teil des Prozesses ist – und du daraus stärker hervorgehst, wenn du bereit bist weiterzumachen. Diese Einstellung hat mir geholfen, in schwierigen Zeiten nicht aufzugeben und aus Fehlern zu lernen, anstatt mich von ihnen definieren zu lassen.

Die Kraft der Leidenschaft:

Nichts treibt dich mehr an als echte Leidenschaft. Im Punkrock gibt es keine halben Sachen – entweder du bist voll dabei oder gar nicht. Im Falle meines Business sieht das so aus: Wenn ich an ein Projekt glaube, gehe ich voll rein. Diese Leidenschaft ist ansteckend und zieht andere mit. Es ist die Energie, die den Unterschied macht, die dich auch weitermachen lässt, wenn es schwierig wird. Leidenschaft ist der Treibstoff, der dich über jede Hürde bringt – im Punkrock wie im Business.

Punkrock hat mir all diese Lektionen und mehr mit auf den Weg gegeben. Er ist nicht nur Musik, er ist eine Lebenseinstellung, die dir zeigt, wie du dein Leben und dein Business authentisch und erfolgreich gestaltest. Diese Lektionen sind es, die mich durch die Herausforderungen des Lebens geführt haben und die ich nie vergessen werde. Sie sind der Grund, warum ich heute da bin, wo ich bin – und warum ich mich glücklich schätze, Punkrocker zu sein, auch im Business, und auf diese Weise so viele Menschen zu erreichen.

Doch das ist nur der Anfang. Es gibt noch so viel mehr, was du nutzen kannst, um dein Business aufzumischen und wirklich anders zu sein. Mit den nächsten Schritten wirst du lernen, wie du diese Einstellung auf alles überträgst, was du tust – mit noch mehr Energie, Kreativität und der Attitüde, die wirklich den Unterschied macht.

TEIL 2:
PUNKROCK IST AUTHENTIZITÄT UND MENSCHLICHKEIT

VON RAMMSTEIN UND AUTHENTIZITÄT

»Mit diesem Herz hab ich die Macht, die Augenlider zu erpressen. Ich singe, bis der Tag erwacht.«

Mein Herz brennt (Rammstein)[8]

Wenn es um Authentizität im Business geht, gibt es kaum eine Band, die so polarisiert wie Rammstein. Egal was man von ihrer Musik oder ihrem Auftreten hält, eines ist klar: Rammstein bleiben verdammt authentisch. Sie haben ihren eigenen Stil, ihre eigene Art, die Dinge zu tun, und sie bleiben sich dabei treu – genau das macht sie so erfolgreich.

Rammsteins Authentizität zeigt sich darin, dass sie sich nicht verbiegen lassen. Sie spielen mit Tabus, provozieren und stoßen an gesellschaftliche Grenzen, menschliche Abgründe, aber das gehört zu ihrem Markenzeichen. Sie sagen, was sie denken, ohne Rücksicht auf Verluste. Viele Bands versuchen, den Mainstream zu bedienen, passen sich an, um möglichst vielen zu gefallen. Doch Rammstein haben von Anfang an einen eigenen Weg gewählt. Obwohl die Band heute erfolgreich ist, hat sie sich nie den gängigen Trends unterworfen, um diesen Erfolg zu erzielen. Sie hat ihren eigenen Weg gewählt und ist dabei stets ihrer Authentizität treu geblieben.

Diese Haltung prägt auch das Business. Es ist verlockend, sich anzupassen, um niemanden zu verärgern und den leichtesten Weg zu gehen. Doch dabei verliert man schnell seine Einzigartigkeit. Rammstein zeigt, dass Erfolg auch ohne Anpassung möglich ist. Die Band beweist, dass du den Mainstream nicht bedienen musst, um erfolgreich zu sein. Oder sagen wir es so: Sie schuf einen ganz neuen Stil, die »Neue Deutsche Härte«. Es reicht, wenn du deinen Weg gehst, auch wenn dieser unbequem oder riskant ist. Im Business läuft das genauso. Viele passen sich an, weil sie glauben, das sichere den Erfolg. Doch wer sich anpasst, verliert seine eigene Identität.

Früher dachte ich selbst, Anpassung wäre der Schlüssel zum Erfolg. Ich habe mich oft verbogen, Kompromisse gemacht und dabei immer mehr von meiner Persönlichkeit verloren. Je mehr ich mich jedoch mit Bands wie Rammstein beschäftigte, desto klarer wurde mir, dass echter Erfolg nur passiert, wenn du dir selbst treu bleibst. Authentizität ist nicht nur ein Begriff, sondern eine Haltung, die den Unterschied zwischen Erfolg und Misserfolg markiert.

Deine Einzigartigkeit ist dein größtes Kapital.

Es reicht nicht, das zu tun, was alle anderen erwarten. Zeige, wer du wirklich bist, auch wenn du damit unpopulär wirst oder nicht jeder deine Entscheidungen gutheißt. Authentisch zu sein bedeutet, hinter dem zu stehen, was du tust. Menschen spüren, wenn jemand echt ist. Diese Echtheit beeindruckt, schafft Vertrauen und genau dieses Vertrauen zählt im Business mehr als alles andere.

Rammstein zeigt, dass man sich nicht anpassen muss, um erfolgreich zu sein. Sie provozieren, ecken an und polarisieren – genau deshalb sind sie so erfolgreich. Authentizität erfordert, dass du Risiken eingehst und dich gegen den Strom stellst. Das gilt nicht nur für die Musik, sondern auch im Business. Besonders heute, wo Oberflächlichkeit und kurzfristiger Erfolg dominieren, wird Authentizität der entscheidende Faktor. Sie schafft Vertrauen und Vertrauen bringt langfristigen Erfolg.

Die Böhsen Onkelz sind ein weiteres Beispiel. Sie gehen ähnlich wie Rammstein vor, indem sie sagen, was sie denken, und weder nach links noch nach rechts schauen. Trotz oder gerade wegen ihrer umstrittenen Haltung haben sie sich eine treue Anhängerschaft aufgebaut. Sie haben nie dem Druck nachgegeben, sich für den Mainstream zu verändern. Ihr Erfolg liegt genau darin, dass sie immer sie selbst geblieben sind, auch wenn die Medien sie in ein anderes Licht rücken wollten. Folglich verzichteten sie lange Zeit auf eine Zusammenarbeit mit der Presse und lebten ihren Alleingang. Eine Entscheidung, die viele der Fans anspricht und gleichzeitig vereint.

Rammstein, die Böhsen Onkelz und andere Bands beweisen, dass Authentizität nicht nur in den Songs, sondern auch im dazugehörigen Business unverzichtbar ist. Ehrlichkeit und Überzeugung ziehen Menschen an. Menschen erkennen schnell, ob jemand wirklich hinter dem steht, was er macht. Vertrauen wächst aus dieser Ehrlichkeit und genau das bringt dich im Business weiter.

Früher dachte ich, es wäre das Beste, es allen recht zu machen. Kompromisse hier, ein bisschen Selbstverleugnung dort – Hauptsache, keine Konflikte. Doch irgendwann merkte ich, dass ich mich dabei selbst verloren hatte. Wer bin ich eigentlich? Wofür stehe ich? Es waren Bands wie Rammstein, die mir klargemacht haben, dass ein anderer Weg nicht nur möglich, sondern notwendig ist: Mut zur Konfrontation. Die direkte Konfrontation und auch Kommunikation, mit der du Missverständnisse ausräumst und Beziehungen aufräumst, hilft dir mehr als jeder Anwaltsbrief oder öffentliches Bashing. Der direkte, menschliche Weg lässt all die verstummen, die von Skandalen leben, und nimmt denen den Wind aus den Segeln, die nicht den Mut aufbringen, die Dinge direkt anzusprechen. Das sieht man auch in der Kunst und Musik: Künstler, die bewusst mit Konfrontation arbeiten, zwingen uns dazu, genauer hinzuschauen. Sie spielen mit den Abgründen des menschlichen Daseins, stellen unangenehme Fragen und regen uns zum Nachdenken an. Wie fühle ich mich damit? Was sagt das über mich? Diese bewusste Provokation öffnet uns die Augen und fordert uns auf, uns mit uns selbst und unserer Umgebung auseinanderzusetzen.

Rammstein verdeutlicht meiner Meinung nach, dass Authentizität weit über die Musik hinausgeht und auch schonungslos sein kann. Die Band zeigt, dass echte Überzeugungskraft entsteht, wenn du kompromisslos du selbst bleibst. Diese Echtheit erreicht Menschen und schafft Verbindungen, die tiefer gehen als jede Anpassung. Ein gutes Beispiel für Einzigartigkeit aus dem Business ist OMR – wortwörtlich die Online-Marketing-Rockstars. OMR, die nach eigener Definition größte Wissens- und Inspirationsplattform für die Digital- und Marketingszene in Europa, hat von Anfang an einen rebellischen Weg eingeschlagen, der sich bewährt hat. Heute ist OMR die führende Plattform der digitalen Wirtschaftswelt und ein eigener Kosmos mit Podcasts, Kollaborationen und gigantischen Veranstaltungen, zu denen Größen wie Die Fantastischen Vier und Quentin Tarantino aufkreuzen.[9] OMR-Gründer Philipp Westermeyer interviewt in seinem Podcast regelmäßig interessante Persönlichkeiten und bespricht die neuesten Wendungen in Welt und Wirtschaft. Sein Imperium aber baute er entgegen traditionellen Ansätzen auf. Westermeyer sagt selbst: »Da war kein Plan. Keine große Vision.«[10] Es ging ihm immer nur um neue, gute Ideen. Aus denen entstand etwas, das seinesgleichen sucht. Diese Ehrlichkeit zu sich selbst hat nicht nur eine loyale Anhängerschaft geschaffen, sondern OMR zu einer der bekanntesten Marken der digitalen Wirtschaftswelt gemacht. Der Erfolg basiert darauf, kompromisslos anders zu sein, ohne sich dem Mainstream anzupassen.

Am Ende zeigt sich: Authentizität zahlt sich nicht nur durch Erfolg aus, sondern bringt auch Zufriedenheit. Sich selbst treu zu bleiben, schafft nicht nur das Vertrauen anderer, sondern lässt dich nachts besser schlafen. Fehler gehören dazu, genauso wie der Mut, unpopuläre Entscheidungen zu treffen. Authentizität hat viel mit Stärke zu tun, weil du dabei manchmal allein gegen den Strom schwimmst. Doch die, die bleiben, wissen, warum sie dir vertrauen.

Zur Authentizität gehört dazu, seinen Mann zu stehen und für sein Handeln Verantwortung zu übernehmen.

Und genau diese Verbindung zwischen Authentizität und Menschlichkeit öffnet Türen – für echten, langfristigen Erfolg.

MENSCHLICHKEIT IM BUSINESS

»Chances Thrown, Nothing's free, Longing for, used to be.«

The Kids Aren't Alright (The Offspring)[11]

Gesellschaftliche Normen verlangen, dass wir funktionieren. Es geht darum, Erwartungen zu erfüllen, Regeln einzuhalten und bloß nicht anzuecken. Das fängt schon in der Schule an und zieht sich bis ins Berufsleben. Dieses »Funktionieren« zwingt uns oft dazu, uns anzupassen, abzuwarten und zu taktieren. Auch ich habe lange versucht, mich in diese Schablone zu pressen. Ich habe beobachtet, wie viel von mir ich zeigen darf, ohne jemanden vor den Kopf zu stoßen. Doch mit der Zeit wurde mir klar, dass ich mich dabei selbst verloren hatte. Heute warte und taktiere ich nicht mehr. Werte wie Ehrlichkeit,

Respekt und Menschlichkeit machen den entscheidenden Unterschied – besonders beim Aufbau von Vertrauen und langfristigen Beziehungen.

Wer ehrlich ist, baut Vertrauen auf. Und Vertrauen entscheidet im Business über den Erfolg. Ehrlichkeit im Umgang mit Kunden, Mitarbeitern und Partnern schafft eine solide Basis, auf der Beziehungen wachsen können. Ehrlich zu sein bedeutet, klare Aussagen zu treffen und offen mit Chancen und Risiken umzugehen. Menschen schätzen es, wenn sie wissen, woran sie bei dir sind. Vertrauen entwickelt sich, weil du nicht nur kurzfristige Gewinne anstrebst, sondern auf eine langfristige Zusammenarbeit setzt. Und die muss Spaß machen. Die positive Energie, die entsteht, wenn du du selbst sein kannst, ist unbezahlbar.

Respekt ergänzt die Ehrlichkeit. Es reicht nicht aus, nur ehrlich zu handeln. Respekt entsteht durch die Wertschätzung der Meinungen, Ideen und Bedürfnisse der anderen. Im Team und bei Kunden erwartet jeder, dass man ihn ernst nimmt. Wer respektvoll auf Augenhöhe agiert, schafft eine Atmosphäre, in der echte Zusammenarbeit entsteht. Jeder im Umfeld fühlt sich als wichtiger Teil des Ganzen, was die Beziehungen stärkt.

Menschlichkeit spielt dabei eine tragende Rolle. Viele vernachlässigen diesen Aspekt im Business, weil sie nur auf harte Entscheidungen und Zahlen achten. Doch Menschlichkeit führt zu echtem Erfolg, denn sie zeigt sich in der Art und Weise, wie du auf die Bedürfnisse anderer reagierst und wie du in schwierigen Momenten handelst. Wer menschlich handelt, schafft Vertrauen und baut langfristige Bindungen auf.

Ein gutes Beispiel für Menschlichkeit in Aktion ist Dave Grohl, der Frontmann der Foo Fighters. Während des Superbowl-Wochenendes 2024, als Millionen Menschen vor dem Fernseher saßen, entschied sich Grohl, seine Zeit im Woodlands Family Shelter in Woodland Hills zu verbringen. Zusammen mit seinem Team bereitete er 100 Pork Butts für Obdachlose zu. Dies war kein Einzelfall – er hat mehrfach seine Zeit gespendet, um für Bedürftige zu kochen, sei es während der Waldbrände in Kalifornien oder für Menschen, die durch Winterstürme in Südkalifornien ihr Zuhause verloren hatten. Grohl zeigt, dass Menschlichkeit und Mitgefühl genauso wichtig sind wie Erfolg auf der Bühne. Seine Aktionen schaffen Vertrauen und zeigen, dass er nicht nur für die Show da ist, sondern für die Menschen, die Unterstützung brauchen.

Auch in unserer Firma wird Menschlichkeit gelebt. Als eine langjährige Mitarbeiterin schwer erkrankte, stand das gesamte Team hinter ihr. Vor ihrer riskanten Operation haben wir als Firma beschlossen, zusätzliche Maßnahmen zu ergreifen, um sie bestmöglich zu unterstützen. Gemeinsam mit meinem Geschäftspartner, der die gleiche Idee hatte, entschieden wir, die Kosten für eine erweiterte Gesundheitsversorgung zu übernehmen, damit sie die bestmögliche medizinische Betreuung erhalten konnte. Obwohl dies zusätzliche finanzielle Belastungen für das Unternehmen und das Personal bedeutete, haben alle diese Entscheidung mitgetragen. Diese Geste ging weit über geschäftliche Überlegungen hinaus und hat unser Team nachhaltig gestärkt. Es wurde klar, dass menschliche Werte einen enormen Einfluss auf das Arbeitsklima und die Loyalität der Mitarbeiter haben.

Menschlichkeit im Business zeigt sich auch im Kontakt mit Kunden. Es reicht nicht, einfach nur ein Produkt oder eine Dienstleistung zu verkaufen. Menschen spüren sofort, ob sie nur als Umsatzquelle gesehen werden oder ob echtes Interesse an ihren Bedürfnissen besteht. Respekt und Ehrlichkeit führen zu Vertrauen und Loyalität. So wie ich es in Erinnerung habe, sagte Edgar K. Geffroy einmal: »Ich habe die perfekte Zukunftsstrategie für Ihr Unternehmen: Fragen Sie Ihre Kunden.«[12] Kunden, die wissen, dass man sie ernst nimmt, bleiben nicht nur, sondern empfehlen dich und dein Unternehmen weiter. Diese Art von Kundenbindung entsteht nicht durch schnelle Abschlüsse, sondern durch eine langfristige, aufrichtige Beziehung.

Fehler machen alle – das gehört zum Leben. Doch der Umgang mit Fehlern entscheidet darüber, wie man wahrgenommen wird. Wer Verantwortung übernimmt und offen über Fehler spricht, zeigt Ehrlichkeit und Rückgrat. Gerade in schwierigen Momenten zeigt sich, wie wichtig klare Kommunikation ist. Sie schafft Vertrauen und zeigt deinem Gegenüber, dass du bereit bist, aus Fehlern zu lernen. Diese Haltung erntet Respekt und führt zu Wachstum und kontinuierlicher Verbesserung.

Ehrlichkeit, Respekt und Menschlichkeit bilden genau deshalb die Basis für jede erfolgreiche Beziehung. Diese Werte sorgen für starke Bindungen zwischen Mitarbeitern und Kunden. Unternehmen, die auf diese Prinzipien setzen, gewinnen engagierte Mitarbeiter und treue Kunden. Das sind keine »weichen« Faktoren, sondern tragende Säulen für nachhaltigen Erfolg.

Menschlichkeit im Business bringt Stärke und Klarheit in jede Beziehung. Sie schafft Vertrauen, vertieft Bindungen und führt zu stabilen Partnerschaften. Gerade in Zeiten, in denen kurzfristige Erfolge dominieren, zeigen Ehrlichkeit und Respekt den Weg zu langfristigem Erfolg – sowohl persönlich als auch geschäftlich.

DAS INNERE KIND NIE VER-
LIEREN

»I'm just a kid and life is a nightmare.
I'm just a kid, I know that it's not fair.
Nobody cares, 'cause I'm alone and the
world is having more fun than me tonight.«

I'm Just a Kid (Simple Plan)[13]

Es gibt viele Lektionen, die ich im Laufe meiner Karriere gelernt habe, aber eine der wichtigsten ist diese: Verliere nie dein inneres Kind. Das kindliche Staunen, die Neugier, der Drang, Dinge auszuprobieren, ohne zu wissen, was dabei herauskommt – all das macht dich nicht nur zu einem kreativeren Menschen, sondern auch zu einem besseren Unternehmer.

Ein Erlebnis, das zeigt, wie wichtig es ist, sich die kindliche Begeisterungsfähigkeit zu bewahren, war ein Konzert von Taylor Swift. Ihre Musik gehört eigentlich nicht zu meiner üblichen Szene, aber ich ließ mich darauf ein – der Liebe wegen, natürlich – und war am Ende völlig begeistert! Nicht nur die Musik hatte es in sich, sondern vor allem die Bühnenshow, die eine Qualität und Präsenz hatte, die mich an die legendären Shows von Michael Jackson erinnerten. Als zu Beginn auch noch Paramore als Supportact erschien und 60.000 Konzertbesucher aufgefordert wurden, die Rockhand mit den Worten »Can u feel it« zu performen, fühlte es sich doppelt richtig an, hier zu sein. Außerdem war ein für mich ganz besonderer Mensch sehr glücklich, Taylor einmal live zu erleben. Diese Offenheit, sich für etwas Neues zu begeistern, zeigte mir, wie lebendig das innere Kind in mir noch ist. Es erinnerte mich daran, dass es wichtig ist, neugierig zu bleiben und sich immer wieder auf neue Erfahrungen einzulassen – sowohl im Leben als auch im Business.

Als Erwachsener verliert man leicht diesen Blick. Der Alltag mit seinen Verpflichtungen, die ständige Suche nach Sicherheit und der Druck, alles richtig zu machen, ersticken das innere Kind. Doch genau in diesen Momenten, wenn alles zu ernst und zu schwer wird, musst du dieses Kind wieder wecken. Es ist das Kind in dir, das sich traut, unkonventionelle Wege zu gehen, das Freude am Experimentieren hat und das auch mal Fehler macht, ohne sich dafür zu schämen.

Ich erinnere mich an eine Zeit, in der ich tief in die Konformität abgerutscht war. Der Anzug saß perfekt, die Krawatte war ordentlich gebunden – tatsächlich hatte ich über 100 Krawatten im Schrank. Damals fand ich das nicht verkehrt und bei der Frauenwelt kommen schicke Anzüge auch immer gut an. Doch innerlich fühlte ich mich leer. Der Spaß war weg, die Neugier verschwunden. Es war, als hätte ich das Kind in mir eingesperrt, um »erwachsen« zu wirken. Ich musste zu dem zurückfinden, was mich ursprünglich angetrieben hatte: der Spaß, die Neugier, das Ausprobieren. Also schuf ich mehr Raum für Kreativität in unserem Business, mehr Platz für spontane Ideen und unkonventionelle Ansätze. Anstatt alles zu ernst zu nehmen, erlaubte ich mir, auch mal verrückte Ideen zu verfolgen, ohne sofort an das Risiko oder den möglichen Misserfolg zu denken.

Und siehe da, genau diese Offenheit, dieses kindliche Herangehen an Herausforderungen brachte frischen Wind in unser Unternehmen. Plötzlich war da wieder die Energie, die Freude am Tun, die Lust, Neues zu entdecken.

Das innere Kind zu bewahren, bedeutet nicht, verantwortungslos zu sein. Es gibt dir schlichtweg die Freiheit, Dinge auf deine Weise zu machen und Neues auszuprobieren, auch wenn andere etwas anderes erwarten. Ein großartiges Beispiel dafür ist die Band die ärzte. Seit den 1980ern hat sie sich durch ihre ironischen Texte und den Spaß am Experimentieren eine treue Fangemeinde aufgebaut. Ihre Musik ist oft humorvoll, verspielt und voll kindlicher Begeisterung, ohne dabei an Tiefe oder Kreativität zu verlieren. Egal ob sie Songs wie »Schrei nach Liebe« oder »Zu spät« performen oder ernstere Töne spielen, die ärzte zeigen immer, dass sie sich ihr inneres Kind bewahrt haben.

Ihre Shows sind berühmt für ihre lockere Atmosphäre und den Spaß, den sie auf die Bühne bringen – sie lachen, machen Scherze und scheuen sich nicht davor, albern zu sein. Trotz ihres Erfolgs haben sie nie ihre Verspieltheit und ihre Freude an der Musik verloren. Und genau diese Haltung hat ihnen nicht nur eine lange Karriere, sondern auch eine extrem loyale Fanbase eingebracht.

Diese Freude am Ausprobieren und am Anderssein ist auch im Business entscheidend. Genau wie die ärzte, die sich immer wieder neu erfinden und keine Angst davor haben, mal etwas völlig Abgedrehtes zu tun, ist es wichtig, offen für Neues zu bleiben. Diese Offenheit bringt frischen Wind und lässt dich Herausforderungen mit Leichtigkeit und Kreativität angehen.

Diese Haltung hat mir nicht nur im Business, sondern auch im Leben mehr Leichtigkeit gegeben. In den Brunnen vor dem Hotel springen? Wenn es heiß ist, warum nicht! Vor dem Restaurant verrückt mit den Kollegen tanzen? Immer doch! Spaß schweißt schließlich zusammen! Wenn du dein inneres Kind lebendig hältst, bewahrst du dir die Fähigkeit, ständig Neues zu entdecken, Freude zu haben, verschiedene Perspektiven zu sehen und dich nicht von Zweifeln oder Ängsten bremsen zu lassen. Mit einer solchen Energie steckst du selbst die Menschen an, die Schwierigkeiten damit haben, aus sich herauszukommen, oder es nicht schaffen, die eine oder andere Grenze zu überwinden. Sie zu motivieren, ist nicht nur eine herausragende Führungsqualität, sondern auch kostbar für das menschliche Miteinander und dafür, sich gegenseitig im Leben voranzubringen. Eine Chefin oder ein Chef muss immer auch ein bisschen über die Norm hinauswachsen können.

Heute ermutige ich meine Mitarbeiter und Partner, ihr inneres Kind ebenfalls auszuleben. Ich möchte, dass sie neugierig bleiben, sich trauen, Fragen zu stellen und den Mut haben, anders zu denken. Denn am Ende des Tages ist es das innere Kind, das uns die Freiheit gibt, wirklich kreativ und erfolgreich zu sein – in einer Umgebung, die viel zu ernst und starr ist.

Das innere Kind nie zu verlieren, ist der Schlüssel, um nicht nur erfolgreich, sondern auch glücklich zu sein. Es gibt dir die Leichtigkeit, die du benötigst, um die Herausforderungen des Lebens zu meistern, und es erinnert dich daran, dass das Leben mehr ist als nur Arbeit und Verantwortung. Es ist ein Abenteuer, das du mit offenen Augen und einem offenen Herzen erleben solltest – genau wie ein Kind.

EHRBARER KAUFMANN TRIFFT PUNKROCK

»I am an Antichrist, I am an anarchist, don't know what I want but I know how to get it.«

Anarchy in the U.K. (Sex Pistols)[14]

Offenheit und Neugier sind unverzichtbare Begleiter, wenn du neue Wege gehen willst – gerade im Business. Doch während diese Qualitäten dir den Antrieb geben, Dinge anders zu machen, brauchen sie eine starke Basis. Kreativität und Rebellion allein reichen nicht aus, um langfristig erfolgreich zu sein. Sie müssen mit festen Werten untermauert werden. Genau hier treffen unkonventionelles Denken und klare Prinzipien aufeinander. Und das führt uns zu einem Konzept, das auf den ersten Blick wenig mit Punkrock zu tun hat, aber in seiner Substanz genauso authentisch ist: die Kaufmannsehre.

Früher reichte ein Handschlag, um einen Deal abzuschließen. Ein Wort war bindend und darauf konnte man sich verlassen. Das war ein Teil der Kaufmannsehre. Sie klingt vielleicht nach strengen Regeln, Disziplin und einem klaren Moralkodex, bedeutete aber weit mehr als nur das Einhalten von Absprachen. Verantwortung, Integrität und die Überzeugung, dass langfristiger Erfolg nicht durch schnelle Gewinne entsteht, sondern auf einem stabilen Fundament beruht – Ehrlichkeit und Beständigkeit waren der Kern dieser Kaufmannsehre.

Im Punkrock findest du dieselben Grundsätze, auch wenn es auf den ersten Blick nicht so aussieht. Es geht um Authentizität, um das echte Leben. Zum einen merken die Leute, die dir zuhören, sofort, ob du meinst, was du sagst, oder ob du nur eine Rolle spielst. Und zum anderen lässt sich keine Rolle über lange Zeit hinweg aufrechterhalten. Wer also nicht authentisch ist, dem fehlt es automatisch an Beständigkeit. Genauso ist es im Business: Du kannst viel versprechen, aber wenn dein Handeln dem nicht entspricht, verlierst du den Respekt und das Vertrauen deines Gegenübers. Die Kaufmannsehre und Punkrock haben somit eine gemeinsame Basis – es zählt, wer du wirklich bist und ob du kontinuierlich zu deinem Handeln stehst.

Ein ehrbarer Kaufmann war nicht nur jemand, der Verträge schloss. Es ging darum, Verantwortung zu übernehmen – nicht nur für den eigenen Erfolg, sondern auch für die Menschen, mit denen man arbeitete. Das bedeutet, langfristig zu denken, sich um die Beziehungen zu kümmern und immer mit einem klaren Wertekompass zu agieren. Genauso funktioniert es im Punkrock. Du spielst nicht für den Applaus im Moment, sondern für die Verbindung, die du mit deinen Fans aufbaust. Diese Verbindung entsteht, weil du echt bist und weil sie wissen, dass du für das stehst, was du singst.

Im Business gibt es zahlreiche Momente, in denen du entscheiden musst, ob du den leichten Weg gehst oder den, der auf Integrität und Ehre basiert. Es mag verlockend sein, schnelle Erfolge durch Tricks zu erzielen oder Abkürzungen zu nehmen. Aber genau dann musst du an die Grundwerte denken, die schon den ehrbaren Kaufmann geprägt haben: Verantwortung, Ehrlichkeit und Verlässlichkeit. Diese Prinzipien führen langfristig zum Erfolg. Sie schaffen Vertrauen, nicht nur in deine Worte, sondern in deine Entscheidungen und Taten.

Kaufmannsehre und Punkrock stehen beide für klare Prinzipien. Es geht nicht nur darum, dass man dir glaubt, wenn du etwas sagst, sondern auch darum, dass du bereit bist, den schwierigen Weg zu gehen, wenn es nötig ist. Im Kaufmannsleben bedeutete das, Risiken einzugehen, Verantwortung zu tragen und für das Team oder die Partner einzustehen, auch wenn es nicht leicht war. Im Punkrock ist es genau dasselbe: Du gibst nicht auf, auch wenn der Weg steinig ist. Du stehst für deine Werte ein, unabhängig davon, wie groß der Druck ist.

Diese Einstellung zeigt sich auch im Umgang mit Kunden oder Partnern. Schließ nicht nur Geschäfte ab, sondern bau Beziehungen auf, die von Respekt und Ehrlichkeit geprägt sind. Zusammengefasst nennt man das dann wohl Nachhaltigkeit und in Summe prägt es die Gesellschaft. Das ist es, was sowohl die Kaufmannsehre als auch Punkrock ausmacht: die Fähigkeit, langfristig zu denken und dabei niemals die eigenen Werte zu opfern.

Ich habe mal einen Spruch gehört: »Je höher der Zaun, desto besser die Nachbarschaft.« Viele glauben, dass präzise Verträge und strenge Regeln die Basis erfolgreicher Geschäfte sind. Aber wer nach den Prinzipien der Kaufmannsehre handelt, weiß, dass Vertrauen und klare Werte die besseren Grundlagen sind. Verträge sind wichtig, aber sie ersetzen nicht das, was durch Ehrlichkeit und Verantwortung aufgebaut wird. Wenn Menschen wissen, dass du nicht nur deinen eigenen Vorteil suchst, sondern auch für sie da bist, sparst du dir viele Konflikte und stärkst die Zusammenarbeit. Es gibt Personen im Geschäftsleben, die ihr ganzes Leben lang Zäune bauen und nie erleben, wie es ist, sich auf Menschen zu verlassen. Dabei ist das umso wichtiger, je höher man im Business aufsteigt. Fang damit an, zwei Menschen in deinem Umfeld zu vertrauen und nach und nach dein Vertrauen auf mehr Menschen auszuweiten. Alles Weitere kommt mit der Zeit. Die Personen in deiner Organisation werden sehen, was du tust und welche Werte du lebst, und ahmen dich im besten Fall nach.

Die Wahrheit lautet also: Reiß den Zaun nieder. Es bringt dir nichts, dich hinter Barrieren zu verstecken, in der Hoffnung, dass alles glattläuft. Öffne dich, zeig dich, wie du bist, und du wirst Menschen anziehen, mit denen du nicht nur Geschäfte machst, sondern Beziehungen aufbaust. Stell dir vor: keine starren Grenzen mehr, sondern Nachbarn, mit denen du spontan über die Grundstücksgrenze hinweg Grillpartys schmeißt. Denn echte Beziehungen entstehen nicht durch Mauern, sondern durch Offenheit.

Die Verbindung zwischen Kaufmannsehre und Punkrock zeigt: Es braucht keine überflüssigen Formalitäten oder leeren Versprechungen. Es braucht nur klare Prinzipien, Authentizität, Energie in beide Richtungen und die Bereitschaft, für das Richtige einzustehen. So entstehen Beziehungen, die Bestand haben – im Business genauso wie auf der Bühne.

TEIL 3:

ROCKER UND DIE MAGIE WAHRER WERTE

VERTRAUEN DURCH VERLÄSSLICHKEIT

»If everything could ever feel this real forever If anything could ever be this good again.«

Everlong (Foo Fighters)[15]

In der Punkrock-Szene gibt es keine falschen Versprechen, kein Verstellen. Jeder, der auf der Bühne steht, lässt die Maske fallen. Genau das unterscheidet echten Punkrock von einer glatt gebügelten Inszenierung. Und genauso läuft es im erfolgreichen Business. Ehrliche Kommunikation ist dabei die Grundlage von Vertrauen. Du kannst Verträge aufsetzen, so viel du willst, aber letztendlich zählt nur eines: Hältst du dein Wort?

Ich erinnere mich an eine Situation, die mir genau das klargemacht hat: Wir hatten mit einem großen Kunden zu tun und plötzlich lief alles aus dem Ruder. Es gab massive Probleme. Schon kam der Anruf vom Vertriebsleiter eines der größten ERP-Systeme in der DACH-Region. Der Mann war stinksauer, aber sagte nur: »Daniel, ich verlasse mich auf dich.« Diese sechs Worte waren alles, was ich brauchte. In solchen Momenten zeigt sich, wer wirklich vertrauenswürdig ist. Ich habe sofort losgelegt und die Probleme gelöst. Es war keine Frage von Können oder Wissen, sondern der Haltung: Du stehst zu deinem Wort, egal was passiert. Genau das unterscheidet die, die nur reden, von denen, die handeln.

Wie viele Geschäftsleute gibt es, die in solchen Momenten anfangen, Verträge zu lesen oder ihre Energie auf andere Weise zu verschwenden? Anstatt Problemlösung bleibt dann lediglich negative Stimmung. In solchen Momenten musst du die Führung übernehmen und anpacken. Dann entwickeln sich Kundenbeziehungen zu einer verlässlichen Partnerschaft, die lange bleibt und nachhaltig in jeglicher Hinsicht wirken kann.

Mit Handeln meine ich hier nicht, dass du anfängst, Mahnungen zu verteilen und dein Team zur Ordnung zu rufen. Jeder Mensch lebt von Lob und Anerkennung. Gib allen Beteiligten die Chance, sich zu beweisen. So entsteht ein Teil der Nachhaltigkeit, von der die Welt viel mehr gebrauchen könnte. Bleib menschlich und ruf auch andere dazu auf, egal in welcher Position sie stecken. In herausfordernden Momenten braucht niemand Pedanten, Erbsenzähler und Leute, die auf Regeln herumreiten. Sie brauchen Verlässlichkeit und Vertrauen und eine gehörige Portion Pragmatismus.

Im Punkrock, genauso wie im Business, zählt nicht die lauteste Show – wobei die manchmal auch wichtig ist, um aufzufallen oder sich Gehör zu verschaffen –, sondern ob du ehrlich bist und dein Team nicht im Stich lässt. Es geht darum, Versprechen einzuhalten, Verantwortung zu übernehmen und auch in schwierigen Momenten füreinander da zu sein. So schaffst du ein Umfeld, in dem sich echtes Vertrauen entwickelt. In meinem Team wissen wir das genau. Wenn einer ausfällt, helfen die anderen. Keine leeren Versprechungen, sondern klare Absprachen und aktives Tun. Diese Verlässlichkeit kommt nicht von allein. Sie wird Tag für Tag erarbeitet, durch jede kleine Entscheidung und die Art, wie du mit Menschen umgehst. Vertrauen entsteht durch konsequente Handlungen, nicht durch lange Reden.

Verlässlichkeit misst sich an dem, was du tust, nicht an dem, was du sagst.

Ein Beispiel dafür ist eine Begebenheit mit einem meiner Mitarbeiter, der direkt am Ende seiner Lehre und kurz vor der Übernahme zu mir kam. Sichtlich nervös erzählte er mir, dass er seinen Führerschein für drei Monate verloren hatte und befürchtete, dass das seine Karriere gefährden würde. Das Entscheidende für mich war hier nicht der Fehler, sondern dass er den Mut hatte, mir zu vertrauen und ehrlich zu sein. Er zeigte damit, dass ich mich auf ihn verlassen konnte. Im Gegenzug habe ich ihm auch meine Verlässlichkeit bewiesen: Ich riet ihm, sich eine BahnCard zu besorgen, und versicherte ihm, dass sein Job nicht in Gefahr sei. Heute ist er ein fester Teil des Teams.

Vertrauen kann man sich nicht erkaufen. Es entwickelt sich langsam und muss kontinuierlich neu bestätigt werden. Egal ob du schon lange mit einem Geschäftspartner zusammenarbeitest oder gerade einen neuen Deal abgeschlossen hast – Vertrauen bedeutet, dass dein Gegenüber sich darauf verlassen kann, dass du tust, was du sagst. In den schwierigen Momenten zeigt sich, wer wirklich seinen Worten Taten folgen lässt und wer nicht. Wenn alles glattläuft, ist es einfach, sich an Absprachen zu halten. Aber in Krisensituationen zeigt sich echter Charakter. Es ist die Fähigkeit, unter Druck ruhig zu bleiben und so zu handeln, dass das Vertrauen gestärkt wird. Wenn du in solchen Momenten bestehst, wächst der Glaube deiner Partner und Kunden in dich und deine Fähigkeiten mit jeder Herausforderung.

In unserem Softwarevertrieb spielt Verlässlichkeit eine entscheidende Rolle. Es gibt keine Abkürzungen, wenn es darum geht, stabile Beziehungen zu Kunden und Partnern aufzubauen. Die Menschen um dich herum müssen das Gefühl haben, dass sie auf dich zählen können. Dieses Gefühl entsteht durch die kleinen Entscheidungen, die du jeden Tag triffst – sei es bei der Entwicklung, Beratung, Implementierung oder dem Support deiner Kunden –, und durch die Art, wie du mit anderen umgehst. Authentische Beständigkeit ist dabei das Fundament jeder erfolgreichen Zusammenarbeit. Wenn meine Kunden wissen, dass sie sich auf mich verlassen können, macht das den entscheidenden Unterschied darüber, ob eine Geschäftsbeziehung langfristig erfolgreich ist oder nicht.

Was sich Business und Musik hier teilen, ist: Wer es schafft, das Vertrauen seines Publikums zu gewinnen, bleibt auch lange nach dem letzten Akkord in Erinnerung.

EHRLICHKEIT

> »And that's the way it has to be, honestly
> 'Cuz creativity could never bloom
> in my room
> I'd throw it all away before I lie
> So don't call me with a compromise
> Hang up the phone
> I've got a backbone stronger than yours.«

Nobody's Fool (Avril Lavigne)[16]

Punkrocker tragen ihr Herz auf der Zunge. Das bedeutet aber auch, sie sind brutal ehrlich. Diese Ehrlichkeit ist nicht nur eine Attitüde, sie prägt das Handeln. Das liegt in der Natur der Sache. Du kannst keine ehrlichen Songs schreiben, wenn du nicht bereit bist, die Wahrheit auszusprechen, vor der andere zurückscheuen. Genau das macht Punkrock so kraftvoll. Die Musik kommt direkt aus der Seele, auch mal dreckig, unverblümt und unbequem. Es geht nicht darum, jemandem zu gefallen oder alles schönzureden – es geht um die Wahrheit.

Ehrlichkeit ist eine der wichtigsten Lektionen, die Business von Punkrock lernen kann.

Auch im Business zählt Aufrichtigkeit mehr als alles andere. Wenn du langfristig erfolgreich und glücklich sein willst, gibt es keinen Weg daran vorbei. Menschen spüren, wenn du ihnen etwas verkaufen willst, hinter dem du nicht wirklich stehst. Wie auch Verlässlichkeit trägt Ehrlichkeit maßgeblich zu erfolgreichen Geschäftsbeziehungen bei. Das gilt für den Umgang mit Kunden genauso wie den Umgang mit Mitarbeitern oder Geschäftspartnern. Die Leute wollen wissen, dass sie dir glauben können. Gerade in einem Umfeld und in Zeiten, in denen viel versprochen, aber wenig gehalten wird: Zwischen Greenwashing, Skandalen, Pleiten und irreführendem Marketing ist Ehrlichkeit eine starke Waffe.

Transparenz im Business ist dabei mehr, als nur die Wahrheit über Produkte oder Dienstleistungen zu sagen. Sie bedeutet auch, dass du offen über deine Ziele und Herausforderungen sprichst. Wenn du in einer schwierigen Phase bist, versuche nicht, alles zu kaschieren. Sprich Klartext darüber, wo die Probleme liegen, und arbeite daran, sie zu lösen. Das mag unbequem sein, aber diese Art der Offenheit verschafft dir Respekt. Kunden und Partner schätzen es, wenn sie wissen, woran sie bei dir sind, statt mit falschen Versprechungen abgespeist zu werden.

Ehrlichkeit bedeutet deshalb auch, deine eigenen Fehler zuzugeben. Kein Mensch ist perfekt und Fehler gehören zum Leben. Wichtig ist nur, dass du zu deinen Fehlern stehst und sie offen ansprichst. Wenn du Mist gebaut hast, musst du die Verantwortung dafür übernehmen. Genau das tue ich auch und es hat mir im Laufe der Jahre viel Respekt eingebracht. Menschen mögen keine Ausreden. Sie schätzen es, wenn du aufrichtig bist, wenn du Pflichtbewusstsein und den Willen zeigst, es beim nächsten Mal besser zu machen. Fehler zu verbergen oder zu beschönigen, führt nur dazu, dass du das Vertrauen anderer verlierst. Ein »Ich habe Mist gebaut« bringt dich viel weiter als tausend Ausreden. Ehrlichkeit in schwierigen Momenten zeigt Charakter und schafft die Basis für eine langfristige Beziehung.

Im Punkrock geht es genauso zu. Wenn du auf der Bühne stehst und eine falsche Note triffst oder den Text vergisst, gibt es keinen Weg, das zu vertuschen. Die Leute merken es sofort. Du kannst nur dazu stehen und weitermachen. Genau das macht den Reiz aus: Du zeigst deine Verletzlichkeit und das Publikum honoriert sie, weil es spürt, dass sie echt ist. Du musst zeigen, dass du nicht perfekt bist, sondern authentisch – sowohl im Business als auch im Punkrock. Diese Authentizität bindet Menschen an dich, sei es Kunden, Kollegen oder dein Publikum.

Es gibt ein altes Sprichwort, das sagt: »Man sieht sich immer zweimal im Leben.« Das mag abgedroschen klingen, aber es ist wahr. Punkrocker wissen das. Deshalb ziehen sie dich auch nicht über den Tisch.

Sie setzen vielleicht mal ein paar Bierchen zu viel auf die Abrechnung oder vergessen es einfach, aber sie würden dich nie ausnutzen. Solche Ehrlichkeit bringt dich weiter als jede ausgeklügelte Verkaufsstrategie. Menschen wollen mit echten Menschen zusammenarbeiten, nicht mit einer perfekt inszenierten Fassade. Das gilt im Punkrock und im Business gleichermaßen.

Ehrlichkeit bedeutet nicht, perfekt zu sein, sondern sich selbst und anderen gegenüber einzugestehen, wo die eigenen

Grenzen liegen. Das bedeutet auch, die Wahrheit zu sagen, selbst wenn sie unbequem ist.

Ehrlichkeit, wie sie im Punkrock gelebt wird, ist genau das, was auch im Business den Unterschied macht. Du brauchst keine perfekte Show abzuziehen, um erfolgreich zu sein. Du musst nur echt sein. In einer Welt, die von Oberflächlichkeit und falschen Versprechungen geprägt ist, ist deine Echtheit dein größtes Kapital. Wenn du in deinem Business den gleichen kompromisslosen Ansatz verfolgst wie ein Punkrocker auf der Bühne, wirst du merken, wie viel Zuspruch dir entgegengebracht wird.

Ehrlichkeit ist heutzutage beinahe eine Form der Rebellion. Sie ist die Weigerung, sich den falschen Erwartungen und dem Druck anzupassen, immer perfekt sein zu müssen. Genau wie im Punkrock bedeutet das, sich selbst treu zu bleiben und den Mut zu haben, die Wahrheit zu sagen – auch wenn sie nicht jedem gefällt. Und genau diese Haltung bringt dich langfristig weiter.

RESPEKT

**»Some people like the summer
when it's hot
Some people like the winter cold
Some people speak their minds
when they wanna
And some other people ain't so bold
Whatever it is that you do, you should do**

You should do it with your head held high
So when you're doing your thing,
it's 'cause you wanna
And they never can ask you why.«

Do What U Do (P!nk)[17]

Ehrlichkeit und Respekt sind untrennbar miteinander verbunden. Ohne Ehrlichkeit gibt es keinen Respekt – weder gegenüber anderen noch gegenüber sich selbst. Aufrichtig zu sein bedeutet, den Menschen um dich herum mit Offenheit und Transparenz zu begegnen. Das ist der erste Schritt, um Vertrauen aufzubauen. Doch dieses Vertrauen hält nur, wenn es von gegenseitigem Respekt getragen wird.

Respekt bedeutet, die Ansichten und Bedürfnisse der anderen anzuerkennen, selbst wenn sie von den eigenen abweichen. Nimm Menschen ernst und geh auf Augenhöhe mit ihnen um. Respekt zeigt sich in den kleinen Dingen: in der Art, wie du zuhörst, wie du Entscheidungen triffst und wie du andere behandelst.

Dabei beginnt alles bei dir selbst. Im Business musst du dir über deine eigenen Werte und Ziele im Klaren sein und sie konsequent vertreten. Wer authentisch auftritt, ehrlich ist und für seine Überzeugungen einsteht, gewinnt die Anerkennung der Leute.

Respekt vor sich selbst ist das Fundament für alles. Das habe ich auf die harte Tour lernen müssen. Als Vertriebler gerätst du oft in Versuchung, für einen Abschluss deine eigenen Prinzipien zu übergehen – etwa, indem du zu viel Rabatt gibst oder dich auf Deals einlässt, die dir eigentlich nicht zusagen. Ich erinnere mich an eine Situation, in der ein Kunde unbedingt einen hohen Rabatt aushandeln wollte. Sein Spruch war: »Ich wollte ja nicht gleich die ganze Firma kaufen«, mit dem er zum Ausdruck brachte, dass das alles ja viel zu teuer sei. Es war ein großes Geschäft und der Druck war enorm. Doch ich wusste, dass ich, um meinen eigenen Prinzipien treu zu bleiben, klare Grenzen setzen musste. Ich habe dem Kunden ehrlich erklärt, warum dieser Rabatt nicht möglich ist, bin standhaft geblieben und sagte, er wolle doch sicher, dass ich meinen Job behalte und ihn weiter betreuen kann. Man muss seinen Wert kennen, denn dieser ist schließlich der Grund, warum man am Verhandlungstisch sitzt und es als Mensch bis dorthin geschafft hat. Dein Gegenüber kauft die Zusammenarbeit mit dir und nicht dein Produkt. Wer das einmal verstanden hat, wird viel Spaß bei diesem gegenseitigen Ausbalancieren haben und langfristige Beziehungen aufbauen können. Im Nachhinein stellte sich heraus, dass der Kunde meine Haltung respektierte und sie unsere Zusammenarbeit sogar stärkte. Selbstrespekt bedeutet, auch unter Druck bei seinen Prinzipien zu bleiben, und genau das macht gutes Business aus.

In dieser Situation habe ich gelernt, dass es entscheidend ist, sich selbst treu zu bleiben, aber gleichzeitig auch den Kunden nicht aus den Augen zu verlieren. Keine Leistung ohne Gegenleistung. Am Ende hielt ich an meiner Position fest. Ich war nicht bereit, die zusätzlichen 6.000 Euro einfach abzuziehen, nur um den Deal abzuschließen. Das hätte meinen Prinzipien widersprochen. Ich erklärte dem Seniorchef ruhig, warum ich zu meinem Angebot stehe und welche Überzeugung dahintersteckt. In solchen Momenten steckst du die Spielregeln und das Spielfeld für die zukünftige Zusammenarbeit ab, daher sind sie für die Einschätzung deines Gegenübers mindestens genauso wichtig wie für dich. In der Psychologie spricht man von der kognitiven Dissonanz (unangenehmen Gefühlszuständen, die durch widersprüchliche Überzeugungen und Handlungen erzeugt werden), die dadurch für beide Seiten verhindert wird. Deshalb zeigte ich gleichzeitig Verständnis für seine Sichtweise und betonte den Respekt, den ich wiederum für seine Erfahrung und seinen Werdegang hatte. Dadurch bewahrte ich mein Gesicht, ohne ihn bloßzustellen. So gelang es mir, die Verhandlungen auf Augenhöhe fortzusetzen und die Anerkennung des Seniors zu gewinnen. Nach meiner Erfahrung ist das einer der elementarsten Bausteine, um harmonische, erfolgreiche und nachhaltige Arbeit zu leisten.

Daran siehst du, dass Respekt auch bedeutet, anderen Raum zu geben. Es geht nicht darum, immer einer Meinung zu sein, sondern unterschiedliche Perspektiven zuzulassen. Wer im Business oder im Leben Erfolg haben will, muss lernen, bewusst zuzuhören. Das fördert nicht nur Innovation, sondern zeigt deinem Gegenüber auch, dass du seine Ideen und Meinungen wertschätzt. So entsteht eine Atmosphäre, in der echtes Vertrauen und Zusammenarbeit gedeihen können. Respektvolles Zuhören ist eine unterschätzte Kunst. Gerade in hitzigen Diskussionen oder schwierigen Verhandlungen zeigt sich, wer in der Lage ist, den anderen wirklich zu hören, statt nur darauf zu warten, selbst zu sprechen. Zugegeben, es ist oft herausfordernd und gelingt nicht immer. Der Umgang mit Menschen und gegenseitiges Vertrauen sind für mich die komplexeste Wissenschaft überhaupt und prägen unsere Gesellschaft im Ganzen. Ist es also nicht geradezu die Pflicht der Menschen, diese »Wissenschaft« zu beherrschen und ihr die gebührende Energie zu widmen?

Respekt wird verdient, nicht geschenkt.

Respekt funktioniert in beide Richtungen. Wer von seinen Mitarbeitern oder Geschäftspartnern Respekt erwartet, muss ihn zuallererst selbst geben. Das bedeutet, Verantwortung zu übernehmen – für deine eigenen Entscheidungen und für das, was du deinem Team zumutest. Mitarbeiter wollen eine Führungskraft, die sie unterstützt und zu ihnen steht, gerade in schwierigen Zeiten. Wenn du zeigst, dass dir das Wohl deiner Mitarbeiter am Herzen liegt, gewinnst du Respekt. Tue also mehr, als nur Anweisungen zu geben. Sei empathisch, versetze dich in die Lage der anderen hinein und sieh sie als Mensch, nicht nur als Teil einer Hierarchie.

Respekt im Business bedeutet, Menschen nicht als Mittel zum Zweck zu sehen, sondern als Partner. Es ist diese Haltung, die den Unterschied macht. Wer auf Augenhöhe kommuniziert, schafft Vertrauen und stärkt Beziehungen. Menschen sind bereit, mehr zu leisten, wenn sie das Gefühl haben, dass ihre Arbeit und ihre Meinung respektiert werden. Das wiederum verbindet Teams, macht sie stärker und resilient gegenüber Herausforderungen.

Respekt kann man sich nicht erkaufen oder erzwingen. Er entsteht durch Konsequenz, Authentizität und die Bereitschaft, anderen mit Wertschätzung zu begegnen. Es braucht Zeit, ihn aufzubauen, aber einmal erlangt, ist er einer der wertvollsten Bausteine für jede erfolgreiche Zusammenarbeit. Es gibt keine Abkürzungen, keine Tricks. Nur durch dein Verhalten und deine Integrität verdienst du dir die Anerkennung, die langfristig den Unterschied zwischen einem Business mit Werten und einem Fähnchen im Wind ausmacht.

Das Thema Respekt spielt auch im Punkrock eine zentrale Rolle. In der Szene ist es Teil des Punk-Ethos, dass Respekt und Solidarität Grundpfeiler einer besseren Welt sind. Punk war nie nur Rebellion um der Rebellion willen – es ging immer auch darum, einen respektvollen Umgang miteinander zu fördern und füreinander einzustehen, egal wie unterschiedlich man ist. Diese Haltung lässt sich perfekt ins Business übertragen: Ein respektvoller Umgang schafft nicht nur Vertrauen, sondern auch eine Basis, auf der echte Zusammenarbeit und gemeinsames Wachstum möglich werden.

TEIL 4
PUNKROCK IST ZUSAMMENHALT UND ZUSAMMENARBEIT

ARBEITEN MIT DEN RICHTI- GEN LEUTEN

»Hand in hand, we walk on down the alley and our common ground.«

Hand in Hand (Beatsteaks)[18]

Im Punkrock wie im Business kommt es darauf an, mit den richtigen Leuten zu arbeiten. Eine Band funktioniert nur dann, wenn die Chemie stimmt. Du kannst die besten Musiker zusammenstellen, aber wenn sie sich nicht verstehen oder keinen Bock aufeinander haben, bleibt die Energie aus. Im Business ist es nicht anders. Du brauchst ein Team, das nicht nur fachlich passt, sondern auch menschlich auf einer Wellenlänge ist. Wenn das Fundament stimmt, läuft alles Weitere fast von allein.

Ein gutes Team erkennt man daran, dass jeder für den anderen einsteht und alle das gleiche Ziel vor Augen haben. Es gibt keine internen Kämpfe, sondern eine gemeinsame Vision. Jeder weiß, dass er sich auf den anderen verlassen kann, und genau das schafft den Raum, um gemeinsam großartige Dinge zu erschaffen.

Du brauchst ein Team, das nicht nur fachlich passt, sondern auch menschlich.

Genauso läuft es auch im Punkrock. Du kannst die beste Technik haben, aber wenn die Band nicht harmoniert, wird es nur ein mittelmäßiges Konzert. Für mich sind die richtigen Leute diejenigen, bei denen das Bauchgefühl stimmt. Ich habe festgestellt, dass das Bauchgefühl der beste Indikator dafür ist, ob jemand wirklich zu meinem Team und mir passt oder nicht. Es sind nicht immer die mit dem beeindruckendsten Lebenslauf, sondern diejenigen, die die gleiche Energie und Leidenschaft mitbringen wie der Rest des Teams.

Ein Beispiel aus unserem Business: Bei einem Vertriebsmeeting in Nordrhein-Westfalen saßen wir zusammen und hatten ein gemeinsames Essen auf einer Ritterburg. Die Stimmung war gut und der Kellner, der uns bediente, spürte die positive Energie im Team. Er fragte uns, was wir eigentlich beruflich machen. Es dauerte nicht lange, bis er sagte, dass er gern bei uns arbeiten würde. Diese Chemie und der Respekt, der innerhalb des Teams spürbar war, hatten ihn überzeugt. Heute macht er bei uns ein Praktikum. Nur mit der richtigen Atmosphäre ziehst du die richtigen Leute an. Nicht nur Fachwissen zählt, auch das Miteinander muss stimmen.

Im Business kann man keine Energie erzeugen, wenn die Leute nicht zueinanderpassen. Das ist, als würdest du Batterien falsch herum in ein Gerät stecken und erwarten, dass es trotzdem läuft. Du kannst versuchen, Teams über Hierarchien oder Systeme zu steuern, aber wenn der Spirit fehlt, wird es nie wirklich funktionieren. Was du brauchst, ist eine echte Verbindung zwischen den Menschen. Und genau da setzt Punkrock an: Es geht um den Flow, um das Zusammenspiel, den Beat. Wenn das gegeben ist, brauchst du keine starren Strukturen.

Die Energie muss aber nicht nur mit deinen Mitarbeitern stimmen, sondern auch mit allen anderen Beteiligten. Das kann bedeuten, dass du manchmal auch bewusst einen Auftrag ablehnen solltest, wenn der Kunde nicht zu dir passt. Es ist vorgekommen, dass ich lieber einen Deal platzen ließ, weil das Bauchgefühl nicht stimmte, als mich später bloß zu ärgern. Wenn die Chemie nicht stimmt, wird die Zusammenarbeit nicht gut laufen. Nicht nur der Umsatz muss steigen, sondern man muss auch langfristig stabile Beziehungen aufbauen – und das klappt nur mit den richtigen Leuten.

Als zum Beispiel einmal ein AfD-Regionalverband bei uns anfragte, begegnete mir auf dem Flur unser Entwicklungsleiter, der mich fragte: »Die bedienen wir aber nicht, oder?« Ich zwinkerte mit einem Lachen zurück und diese Geste allein vermittelte, dass er sich auf meine Werte verlassen konnte. Die AfD ist uns deutlich zu rechtspopulistisch. Punkrock stellt sich seit jeher gegen fremdenfeindliche Hetze. Deshalb traten zum Beispiel Die Toten Hosen bei »Jamel rockt den Förster« auf. Das Dorf Jamel gilt als rechtsextreme Hochburg in Mecklenburg-Vorpommern. 2015 nahmen Die Toten Hosen überraschend bei dem Festival teil, das von Birgit und Horst Lohmeyer jedes Jahr als Zeichen gegen Rechtsextremismus und für Toleranz organisiert wird. Mit ihrem Auftritt setzten sie ein starkes Zeichen gegen die rechtsextreme Dominanz in Jamel.[19] Daher: Nein, wir bedienen keine Kunden, deren Werte nicht mit unseren übereinstimmen.

In dieser Hinsicht ziehen wir alle an einem Strang und leben die gleichen Werte. Es kommt darauf an, ein Team zu haben, das zueinander passt, nach innen und nach außen, in dem jeder den anderen unterstützt und alle in die gleiche Richtung blicken. Die richtige Mischung aus Talent, Chemie und Vertrauen macht den Unterschied. Wenn du mit den richtigen Leuten spielst, entsteht eine Dynamik, die keiner so schnell vergisst.

MENSCHEN BEFÄHIGEN, IHR DING MACHEN ZU KÖNNEN

»Wir sind immer da, auch ohne Grund.«

Freunde (Die Toten Hosen)[20]

Wenn dann jeder gemeinsam im Flow ist, musst du den Leuten nur noch Raum für Wachstum lassen. Jeder in deinem Team sollte die Möglichkeit haben, sich zu entfalten, eigene Ideen einzubringen und seinen Beitrag zu leisten. Im Punkrock gibt es keine festen Regeln und keinen Boss, der das alleinige Sagen hat – jeder kann sich einbringen und mitgestalten. Diese Freiheit schafft Kreativität und Innovation. Wenn du den richtigen Leuten den Raum gibst, kreativ zu werden, dann wird das gesamte Team stärker und das spiegelt sich im Erfolg des Unternehmens wider. Ein befreundeter Vertriebsleiter eines Hardwareherstellers aus Österreich stimmte mit mir einst auf einer Messe darin überein, dass man sich irgendwann entscheiden muss, ob man Unternehmer, der Geld verdient, sein möchte oder doch lieber König.

Diese Perspektive birgt so viel Wahrheit in sich und lässt tief in menschliche Bedürfnisse blicken, die durch Defizite in der Bedürfnisbefriedigung entstehen. Solcher Mangel kann Energie in alle Richtungen freisetzen, sich eben auch negativ auswirken und sogar in Selbstüberschätzung und egozentrischem Verhalten enden. Die Zeit der Patriarchen im Wirtschaftsleben ist vorbei und wer es noch nicht verstanden hat, den macht die nächste Generation darauf aufmerksam. Sie holt sich gerade diese Werte wieder zurück, die sie verständlicherweise vermisst, und kratzt damit an der scheinbar glänzenden Oberfläche des Kapitalismus.

Menschen Raum zu geben, ihr eigenes Ding zu machen, ist eines der größten Geschenke, die du anderen machen kannst. Das gilt sowohl im Punkrock als auch im Business. In beiden Bereichen steht die Freiheit im Vordergrund – die Freiheit, Dinge auszuprobieren, Fehler zu machen und aus ihnen zu lernen, um den eigenen Weg zu finden. Genau diese Haltung musst du in deinem Unternehmen fördern. Gib deinem Team nicht nur die Freiheit, sondern auch den Mut, selbstständig zu denken, zu handeln und Verantwortung zu übernehmen.

Im Punkrock hat niemand auf Anweisungen gewartet. Bands wie die Sex Pistols oder The Clash wurden nicht erfolgreich, weil sie strikte Regeln befolgt haben. Sie haben gemacht, was sie für richtig hielten, ihre eigene Musik geschrieben, ihre Identität geschaffen und Konventionen ignoriert. Diese Rebellion und die Freiheit, eigene Entscheidungen zu treffen, gehören auch ins Business. Gib deinen Mitarbeitern die Chance, sich zu entfalten, ohne ihnen ständig über die Schulter zu schauen. Wie im letzten Teil gelernt, hast du schließlich Vertrauen in sie und akzeptierst Fehler als Teil des Lernprozesses.

Ein prominentes Beispiel dafür aus der Business-Welt ist die berühmte »20-Prozent-Regel« von Google. Hier dürfen die Mitarbeiter 20 Prozent ihrer Arbeitszeit für eigene Projekte und Ideen nutzen – ohne Vorgaben oder Kontrolle von oben. Dieser Freiraum hat einige von Googles größten Innovationen hervorgebracht wie Gmail.[21] Das zeigt, wie viel Potenzial in Teams steckt, wenn sie die Freiheit bekommen, kreativ zu sein und eigene Ideen zu entwickeln. Der Glaube an die Fähigkeiten und den Ideenreichtum der Mitarbeiter zahlt sich langfristig aus.

Wenn du deinem Team diesen Raum gibst, förderst du nicht nur Kreativität und Motivation, sondern schaffst eine Umgebung, in der Innovation und Wachstum gedeihen können. Du erlaubst ihnen, über den Tellerrand zu schauen, Verantwortung zu übernehmen und aktiv das Unternehmen mitzugestalten. Das bringt eine unglaubliche Energie in dein Business und schweißt zusammen. Wenn Menschen spüren, dass ihnen vertraut wird, dass sie Dinge ausprobieren dürfen und dass ihre Meinung zählt, dann rocken sie das Business wie eine gut eingespielte Punkrock-Band, ohne dass es eines Dirigenten bedarf, der den Takt vorgibt.

Ich kann mich noch gut an die Zeit erinnern, als ich meinen eigenen Verantwortungsbereich und später ein Unternehmen mit aufgebaut habe. Bis heute sehe ich Szenen, in denen Geschäftspartner diesen Drang verspüren, alles zu kontrollieren und sicherzustellen, dass keine Entscheidung ohne ihre Zustimmung getroffen wird. Das fängt bei wichtigen strategischen Beschlüssen für das Unternehmen an und hört aber auch damit nicht auf, dass sie informiert werden wollen, wenn das Azubi-Team einen Instagram-Beitrag über den Nikolaus postet. Das erscheint auf den ersten Blick völlig unverständlich, blickt man aber tiefer, so ist dieser Kontrollzwang auf relevanten, prägenden Erfahrungen begründet.

Dann ist es die Aufgabe von uns »Punkrockern«, ihnen ein wenig Leichtigkeit im Handeln und ein »Ich nehme mich selbst nicht zu ernst« beizubringen. Wir haben die Energie, solche sozial inkompatiblen Verhaltensweisen zu korrigieren, indem wir den Betroffenen bewusst den Spiegel vorhalten. Das darf auch durch witzige Gesten geschehen, beispielsweise durch einen Hinweis auf den Osterhasen bei nächster Gelegenheit oder einen einsamen Schokoladennikolaus auf dem Tisch bei der Weihnachtsfeier. Mit welcher Handlung derjenige auch aufgerüttelt werden soll, es ist wichtig, nicht nur in den Hintern zu treten, sondern gleichzeitig auch eine helfende Hand zu reichen.

Wer als Chef alles im Blick behalten will, um Erfolg zu garantieren, verursacht im Endeffekt nur das Gegenteil.

Die Mitarbeiter werden passiv, warten auf Anweisungen und zeigen keine Eigeninitiative. Als Führungskraft musst du einsehen, dass es nicht deine Aufgabe ist, jede Kleinigkeit zu überwachen. Das gefürchtete Mikromanagement ist Gift für Kreativität und Leistungsbereitschaft. Was passiert psychologisch, wenn eine Person im Unternehmen zu stark kontrolliert wird? Beim anderen kommt dann lediglich an, dass du kein Vertrauen mehr in die Person hast oder ihr nicht zugestehst, die vereinbarten Ziele zu erreichen. Eine zyklische Standortbestimmung ist sinnvoll und Empathie bei der Häufigkeit und Dauer angebracht, aber kein ständiges Über-die-Schulter-Schauen. Die richtige Form der Führung ist der Schlüssel dafür, ob du es als Führungskraft draufhast und deine Mitarbeiter gern mit dir zusammenarbeiten oder nicht. Im Übrigen kündigen Mitarbeiter zum größten Teil dem Vorgesetzten, selten dem Unternehmen.

Stattdessen fing ich an, Vertrauen zu schenken und die richtigen Leute einzustellen, denen ich zutrauen konnte, ihr Ding zu machen. Sobald ich den Mitarbeitern Freiräume gab, kamen sie plötzlich auf ganz andere Ergebnisse. Mein Team wurde kreativer, innovativer und übertraf meine Erwartungen. Das war der Moment, in dem ich gelernt habe, loszulassen.

Derartige Freiräume, in denen unabhängig gearbeitet werden kann, sind im Business so wichtig wie in der Musik: Lass Leute experimentieren, neue Wege finden, neue Melodien, einen ungewohnten Beat, auch wenn sie dabei Fehler machen. Denn daraus lernen sie am meisten und entwickeln ihre besten Ideen. Die Energie, die entsteht, wenn Menschen sich kreativ entfalten können, ist unglaublich. Dann stehen auch nicht mehr Geschwindigkeit oder Effizienz im Vordergrund, sondern der Spaß an der Arbeit. Genau dieser Spaß führt zu den besten Ergebnissen.

Der für mich elementare Baustein ist dabei, wirkliche Freiheit zuzugestehen. In der Praxis bedeutet das, als Vorgesetzter auf keinen Fall die Ergebnisse einer Abteilung nach der Präsentation vorgeheuchelt abzunicken und es anschließend doch anders zu machen. Dann passieren nämlich zwei Dinge: Menschen werden zum einen demotiviert und machen nur noch, was unbedingt nötig ist, ohne die Extrameile zu gehen. Zum anderen bekommen sie regelrecht Angst vor Ablehnung beim nächsten Projekt – menschlich völlig nachvollziehbar. Diese Angst blockiert jegliche Kreativität und Freude. Dabei sollen sie über sich hinauswachsen und Spaß an dem haben, was sie tun!

Denke also konsequent im »Wir« und nicht im »Ich« und mach dir bewusst, dass du auch als Führungskraft Teil eines Teams bist. Festige das Bild vom Tisch, an dem alle gemeinsam sitzen, so gut wie möglich, dann gelingt auch die positive Kommunikation, selbst wenn man am Ergebnis vielleicht noch feilen muss. Das trennt ein mittelmäßiges Team von einem, das wirklich rockt. Gibst du anderen den Freiraum, ihr Bestes zu zeigen, wirst du sehen, wie sie über sich hinauswachsen.

Wer Menschen dazu befähigt, eigenverantwortlich zu handeln, führt besser als jeder Kontrollfreak.

Kontrolle mag kurzfristig Ergebnisse bringen, aber echtes Wachstum entsteht nur dann, wenn Menschen Verantwortung übernehmen, selbst Entscheidungen treffen und den Mut haben, Neues auszuprobieren. Es bedeutet nicht, die Zügel aus der Hand zu geben und alles laufen zu lassen, sondern die richtige Balance zwischen Führung und Vertrauen zu finden. Du als Chef musst nicht im Rampenlicht stehen. Dein Team trägt den Erfolg deines Unternehmens – gib ihnen die Bühne und lass sie glänzen. Sie werden dir danken, indem sie mehr Engagement zeigen und ihr Bestes geben, um das Business voranzubringen.

Interessanterweise entspricht das auch den Erwartungen der neuen berufsstartenden Generation, die mehr will als nur einen Job. Sie wollen nicht einfach nur ihre Stunden abarbeiten und dann nach Hause gehen. Sie wollen Teil von etwas Größerem sein, sich einbringen, etwas bewegen und mitgestalten. Wenn du das verstehst und deinen jüngeren Mitarbeitern die Freiheit gibst, eigene Entscheidungen zu treffen, hast du nicht nur motivierte Mitarbeiter, sondern ein Team, das bereit ist, alles zu geben. Gib ihnen den Raum, ihre Fähigkeiten auszuschöpfen, und du wirst erstaunt sein, welche Ideen und Innovationen plötzlich auf dem Tisch landen.

In der Zeit, als ich begann, Bereiche abzugeben und meinen Leuten echte Verantwortung zu übertragen, haben sie mich regelrecht überrascht. Sie haben Ideen entwickelt, an die ich nie gedacht hätte, und das Unternehmen auf eine Weise vorangebracht, die ich allein nie geschafft hätte. Es war wie eine Art Kreativschub, der durch das gesamte Team ging – und das alles, weil ich den Mut hatte, ihnen zu vertrauen, und sie ihr Ding machen ließ. Im Grunde überrascht das aber auch nicht: Viele Köpfe sind immer schlauer als ein einzelner. Warum also mit meinem einzelnen Kopf versuchen, alles zu bestimmen, wenn ich stattdessen von der geballten Intelligenz der Gemeinschaft profitieren kann?

Hab also Vertrauen in die Fähigkeiten deiner Mitmenschen, in ihren kreativen Prozess und in ihre Entscheidungskompetenz. Es ist dieses Vertrauen, das dich langfristig zum Erfolg führt – sowohl für das Team als auch für das gesamte Business. Wenn du deinen Mitarbeitern diese Unabhängigkeit gibst, zahlen sie sie dir doppelt und dreifach zurück. Denn nichts motiviert mehr, als die Freiheit zu haben, sich selbst zu verwirklichen und etwas Neues zu schaffen.

Die Autonomie zu haben, das zu tun, was man liebt, und das Gefühl, wirklich etwas zu bewegen – das ist es, was Menschen antreibt. Im Punkrock wie im Business teilt man die Bühne und gibt anderen den Raum, ihre eigenen Solos zu spielen. Schaffst du das, wird dein Team nicht nur für dich arbeiten, sondern mit dir gemeinsam etwas Großes aufbauen. Du musst nicht der Chef sein, der alles weiß und lenkt, sondern lediglich der Leadsinger, der weiß, dass er nicht der beste Gitarrist oder Drummer ist. Gib den Ton vor, aber nicht die Spielweise.

DEIN NETZWERK ROCKEN

»Hanging out behind the club on the weekend Acting stupid, getting drunk with my best friends.«

The Rock Show (Blink-182)[22]

Bevor du große Erfolge feiern kannst, brauchst du ein solides Fundament und das beginnt immer mit den richtigen Leuten an deiner Seite. Dein Netzwerk ist nicht nur eine Ansammlung von Kontakten, es ist ein wichtiger Teil deines Erfolgs – ob im Business oder im Punkrock. In fast allen Branchen dreht sich alles um die richtigen Verbindungen, das Vitamin B, ohne das ein gutes Business nicht vorankommt. Netzwerken heißt dabei aber nicht, Visitenkarten und Social-Media-Kontaktdaten auszutauschen. Was du brauchst, sind echte Beziehungen. Sie bilden die Basis, auf der du langfristig aufbauen kannst. Dabei gilt im Punkrock genauso wie im Business: Du musst bereit sein, etwas zu geben, bevor du eine Gegenleistung erwartest. Ein gutes Netzwerk lebt von Vertrauen und Gegenseitigkeit. Du gibst etwas und irgendwann kommt etwas zurück. Vertrauen ist die Währung und diese wächst durch kontinuierliches Geben und Nehmen – und zwar in dieser Reihenfolge. Eine Band schreibt auch erst ihre Songs und bringt sie dann zum Musikverlag. Sie beweist sich und erwartet erst anschließend eine Gegenleistung, nicht andersherum.

Die einfachste Geste, die du direkt von Anfang an geben kannst, ist aufgeschlossene Freundlichkeit. Zum Beispiel besuchte ich bei einem Rammstein-Konzert meinen Kumpel, der als Gitarrentechniker für die Band arbeitete. Ein geschätzter Perfektionist und wahrer Künstler in dem, was er tut. Schon am ersten Abend war ich mit den Leuten im Gespräch. Am nächsten Tag fragte mich der Bühnenbauer, der schon seit 15 Jahren mit der Band arbeitet: »Daniel, warum kennen dich hier so viele schon?« Für mich war das normal. Leute lernen dich nun einmal kennen und tauschen sich mit dir aus, sobald du offen auf sie zugehst, egal wer sie sind, und du eine gewisse Leichtigkeit im Umgang mitbringst. Ein solides Netzwerk entsteht durch eine ehrliche, ungekünstelte Art – genau wie im Punkrock.

Du kommst ins Gespräch, weil du Lust hast, Menschen kennenzulernen, nicht weil du etwas von ihnen willst.

Es geht beim Netzwerken nicht nur um Geschäftspartner, sondern vor allem um Kontakte, um Menschen, mit denen die Zusammenarbeit langfristig funktioniert. Wenn es menschlich passt, läuft der Rest fast von allein. In einem erfolgreichen Netzwerk geht es um echte Verbindungen, nicht nur um Positionen. Menschen spüren, ob du authentisch bist oder eine Maske trägst. Echte Beziehungen entstehen, wenn du deine Absichten offenlegst und dich nicht hinter einem aufgesetzten Verhalten versteckst. Nur wenn du du selbst bist, schließt du Beziehungen zu den interessantesten Menschen.

So erging es mir auf einem Flug nach Mallorca: Damals wusste ich nicht, dass der Typ neben mir Johnny Strange von Culcha Candela war. Während des Fluges kamen wir ins Gespräch. Ich sah ihn Rechnungen überprüfen und scherzte darüber, wie teuer und schlecht sein Steuerberater wohl sei. Wir lachten, unterhielten uns über Geschäftliches und tranken zusammen ein Bier.

Zwischen John und mir herrschte eine lockere, entspannte Atmosphäre. Erst nach der Landung, als wir die Kontaktdaten austauschten, fragte ich nach einer Internetadresse von ihm – bis dahin war er ein DJ, der auf Mallorca auflegt. Ich solle bei Spotify nach Culcha Candela suchen, meinte John. Erst da begriff ich, wer er war. Diese zufällige Begegnung führte später zu einer echten Zusammenarbeit. Mehr zu unserem Projekt erfährst du im nächsten Teil »Punkrock ist sozial«.

Dein Netzwerk zu rocken bedeutet aber nicht nur, den Erstkontakt zu schließen, sondern auch, den Kontakt zu pflegen. Eine gute Beziehung braucht Zeit, Aufmerksamkeit und ehrliches Interesse. Ein Treffen allein bringt nichts. Du musst dranbleiben und echte Beziehungen aufbauen. So wie eine Band übt, damit sie gut bleibt, musst du Interaktionen ausüben. Kontakte bloß zu sammeln, ist wertlos. Es geht darum, Verbindungen zu knüpfen, die wirklich halten. Dafür lohnt es sich, sich manchmal auch außerhalb des geschäftlichen Rahmens zu treffen. Ein gemeinsames Essen, ein Grillabend oder ein Bier nach der Arbeit festigen die Beziehungen viel mehr als trockene Geschäftstermine. Denn solche Treffen schaffen Vertrauen und stärken die Bindung auf eine Weise, wie es Business-Meetings nie könnten.

Gemeinsames Essen und Lachen verbindet – manchmal aber auch das Schließen der Hotelbar. John erinnert sich heute noch daran, wie er damals das Gefühl hatte, dass etwas Großes zwischen uns entstehen könnte. Er sagte mir, mit meiner Energie hätte ich die Verantwortung, sie in die Gesellschaft einzubringen. Bedeutsame Worte, stammen sie doch aus dem Mund eines einzigartigen Sängers und Hip-Hoppers, dessen Band zeitlose Songs spielt, die jeder mitsingt. Bis heute zählt die Band zu den erfolgreichsten deutschen Dancehall-Gruppen.

Johnny und ich kamen zu unterschiedlichen Gelegenheiten zusammen, beispielsweise mal zum Grillen, wo wir bei einem guten bayerischen Bier über Gott und die Welt sprachen, statt nur über Business. Aber der absolute Ice-Breaker kam, als wir gemeinsam mit Julia, einer meiner besten Freundinnen, ein The Offspring-Konzert in Berlin besuchten. Motivierend zog ich ihn mit in den Moshpit – ich wusste ja, was auf mich zukommt, er jedoch nicht - und als das Intro vorbei war, die Band unter tobender Begeisterung der Fans auf der Bühne stand, war es Zeit einzuzählen ... one, two, three, four ...»Come out and play« war der erste Song und mit noch halb vollem Bierbecher, den ich zur Begrüßung in die Luft warf, war das Konzert eröffnet und der Spaß konnte losgehen.

Schweißgebadet, ein paar Schubser und zwei Songs später sah ich nur eines: ein riesiges Grinsen in Johns Gesicht. Um dem Ganzen noch den Hut aufzusetzen, stieg der Typ nach dem Konzert in mein eigenes Auto auf den Fahrersitz, wir drehten den Song »Rodeo« von Culcha Candela auf und dieser schallte deutlich hörbar auf dem Nachhauseweg über die Karl-Marx-Allee. Nicht nur waren wir zusammen dort und es kam eine neue Seite zum Vorschein, sondern ich ließ mich sogar noch schmerzfrei nach Hause kutschieren. Hier war der Grundstein für die bestmögliche Zusammenarbeit gelegt. Was für ein Abend! Unbezahlbar!

Beziehungen, die auch außerhalb des Büros funktionieren, sind diejenigen, auf die du dich in schwierigen Zeiten verlassen kannst.

Mit bei dem Konzert von The Offspring war übrigens auch Elmar Broscheit, Investor und Mitbegründer des Milliardenunternehmens Gorillas. Für ihn sind Punkrock und Rock allgemein ein Lebensgefühl:

»Punkrock ist die Freiheit und das Gefühl, dass man die Welt verändern kann, selbst wenn es nur durch drei Akkorde ist.«

(Elmar Broscheit)[23]

Elmar konnte – ganz Punkrocker – jedes The Offspring-Lied auswendig mitsingen. Unabhängig davon, dass er sich knappe 20 Minuten vor Konzertbeginn erst seine Karte kaufte, weiß auch er allerdings, dass menschliches Miteinander Zeit braucht. Netzwerken richtig gemacht ist kein kurzfristiges Spiel. Es braucht Zeit, Hingabe und ehrliches Interesse. Bei deinem Netzwerk geht es schließlich nicht darum, möglichst viele Leute zu kennen, sondern die richtigen – Menschen, auf die du dich verlassen kannst und die sich auf dich verlassen können. In der Praxis bedeutet das, sich auf die schönen Dinge des Lebens oder – philosophisch ausgedrückt – auf die Leichtigkeit des Seins zu konzentrieren. Netzwerken ist für mich aktives Ausüben der Menschenliebe und dabei ist es nicht notwendig, den Untergang der Welt zu diskutieren und sich in einen emotionalen Abwärtsstrudel zu begeben. Erkenne, welche Themen für dein Gegenüber negativ aufgeladen sind, und vermeide sie schlichtweg. Dann wird dein Netzwerk vom rein beruflichen Asset zu einer Gemeinschaft von Menschen, auf die du bauen kannst – immer und überall. Das Besondere an einem solchen Netzwerk ist, dass du auf Unterstützung zählen kannst, auch wenn gerade mal nichts im direkten Business läuft. Es geht darum, immer füreinander da zu sein, sei es im beruflichen oder privaten Umfeld. Denn wenn der Moment kommt, dass du selbst mal Unterstützung brauchst, bist du froh, wenn dein Netzwerk stabil ist. Vertrauen, Loyalität und der Wille, sich gegenseitig zu unterstützen, verschaffen dir Beziehungen, die dich durch Höhen und Tiefen tragen – sowohl im Business als auch im Leben.

MIT EINER KISTE BIER AUF DEN GOLFPLATZ

»Denn keiner singt so laut, so schief The Streets oder Rihanna Wie meine Gang, meine Gang.«

Deine Gang (Kraftklub)[24]

Wenn du dein Netzwerk auch abseits deiner Business-Termine rockst, warum dann das Ganze nicht mit frischer Luft und Rasen verbinden? Wer denkt, dass der Golfplatz nichts mit Punkrock zu tun hat, hat noch nie erlebt, wie locker es dort zugehen kann. Eine Kiste Bier im Caddy und flaschenweise in den Bags verteilt, die Golftasche über der Schulter und es geht los. Keine Anzüge, keine steifen Gespräche – entspannte Leute, die Bock auf eine gute Zeit haben. Genau das ist der Spirit: authentische Begegnungen, fernab von starren Konventionen. Business und Freizeit müssen nicht getrennt voneinander laufen. Die besten Ideen und Verbindungen entstehen dort, wo du es am wenigsten erwartest, zum Beispiel beim lockeren Austausch mit einem Bier in der Hand, egal ob klassisch oder alkoholfrei.

Ich erinnere mich an eine Runde Golf in Beuerberg bei München, bei der es genau so lief: Wir waren eine bunt gemischte Gruppe, vom Ex-Motorradweltmeister bis zum Unternehmer, dessen Geschäft es ist, eine Art Zahnspange für den Penis des Mannes herzustellen und zu verkaufen, die zu einem optimierenden Endergebnis führen soll. Sachen gibts! Auf den ersten Blick hatte keiner etwas mit dem anderen zu tun, aber genau das machte es interessant. Auf dem Golfplatz spielt es keine Rolle, ob du CEO, Handwerker oder Sportler bist – du bist einfach nur ein Teil der Runde. Genau in solchen Momenten entsteht das, was wirklich zählt: echte Verbindungen. Wir haben gelacht, gespielt und Bier getrunken und jeden dritten Schlag vermasselt, was uns völlig egal war, denn wir hatten Spaß dabei. Die Gespräche waren locker und das Vertrauen kam von ganz allein. Diese Lockerheit schafft Räume für ehrliche Begegnungen, aus denen mehr erwachsen kann. Ein früherer Geschäftspartner erklärte mir einst: »Man muss unseren Leuten einmal sagen, dass es mehr Sinn ergibt, mit dem Vorstand der Firma Golf zu spielen als mit dem Pförtner Tischtennis.« Der Golfplatz bedient hier kein Klischee, sondern wird zum Treffpunkt für Gleichgesinnte, die sich auf einer Ebene begegnen. Positiver Nebeneffekt: Bewegung an der frischen Luft.

Das bedeutet natürlich auch, dass du mit manchen Leuten anschließend nie wieder eine Runde Golf spielen wirst, weil du sie nach den vier Stunden als Menschen so gut kennengelernt hast, dass du sie nie wiedersehen willst. Aber aus anderen Begegnungen nimmst du einen echten Mehrwert mit, wie ich zum Beispiel aus der Runde mit einem aus der Medienbranche bekannten Unternehmer und Manager. Als ich ihn fragte, was sein wichtigster Rat bei all seinen gesammelten Erfahrungen an junge Unternehmer sei, antwortete er in Südtiroler Dialekt: »Schau auf die Zahlen.« Mit anderen Worten bedeutet das, dass neben dem Spaß auch die Wirtschaftlichkeit dazugehört. Am Ende muss deine Rechnung aufgehen. Lebensweisheiten, die du prägender in keiner anderen Arbeitsumgebung findest.

Auf dem Golfplatz merkst du schnell, wer cool drauf ist und wer nicht. Du brauchst keine Fassaden und keine Show. Wenn du versuchst, den Geschäftsmann heraushängen zu lassen, wird das nicht funktionieren. Jeder spürt sofort, ob du echt bist oder ob du dich verstellst, ob du des Spaßes wegen da bist oder wegen eines geschäftlichen Deals. Wenn du authentisch bleibst und mit den Leuten auf Augenhöhe kommunizierst, entsteht Magie. Du merkst plötzlich, dass ihr nicht nur über Geschäfte redet, sondern über das Leben, Leidenschaften, Träume und gemeinsame Interessen. In solchen Momenten baust du aktiv ein Netzwerk auf und legst das Fundament für alle weiteren Entscheidungen.

Was also die Kiste Bier auf dem Golfplatz mit Business zu tun hat? Alles. Sie zeigt, dass man auch in einem vermeintlich steifen Umfeld Spaß haben und dabei großartige Verbindungen schaffen kann. Ein guter Deal entsteht nicht nur am Konferenztisch, sondern in Momenten, die auf den ersten Blick vielleicht nichts mit Arbeit zu tun haben. Wer glaubt, dass Business nur in Meetings stattfindet, hat nie erlebt, wie viel besser es läuft, wenn man gemeinsam etwas erlebt und das Leben ein wenig leichter nimmt. Nicht umsonst nehme ich unser Team regelmäßig auf Exkursionen mit, die nach Abenteuer schmecken und in Erinnerung bleiben. Die besten Ideen entstehen dann, wenn du dich nicht verkrampfst, sondern den Moment genießt.

Golfspielen, was auf den ersten Blick wie eine sehr steife Sportart wirkt, bietet in Wahrheit genau die lockere Atmosphäre, die Business-Beziehungen brauchen. Du verbringst mehrere Stunden zusammen, bist in der Natur unterwegs, sprichst über Gott und die Welt und ganz nebenbei kommen die wirklich wichtigen Themen auf den Tisch. Ohne Druck und ohne Tagesordnung. Die Kiste Bier lockert zusätzlich die Stimmung auf, lässt die Grenzen zwischen Arbeit und Freizeit verschwimmen und gibt jedem die Chance, sich in einem völlig anderen Kontext zu präsentieren.

Für mich gibt es keinen besseren Ort, um Menschen auf einer persönlichen Ebene kennenzulernen – außer vielleicht bei einem Punkrock-Konzertbesuch. Welches Umfeld du dir auch aussuchst, ob du Golf spielst oder lieber Tennis, Klettern gehst oder schwimmst, such dir eine ungezwungene Atmosphäre, in der ihr die Masken fallen lasst und du siehst, wer wirklich zu dir passt. Die Leute, die du dann triffst, können nicht nur Geschäftspartner, sondern auch langfristige Verbündete werden, mit denen du auf einer ehrlichen Basis arbeiten kannst.

Wie im Punkrock gilt auch hier: Es kommt nicht darauf an, was du tust, sondern wie du es tust. Netzwerken muss nicht immer steif und formell sein. Die besten Beziehungen baust du auf, wenn du Spaß hast und dich dabei ganz natürlich gibst. Ein starkes Netzwerk lebt von solchen Momenten. Es sind diese Begegnungen abseits des Büroalltags, die dafür sorgen, dass Verbindungen bestehen, wenn sich die Rahmenbedingungen ändern. Beziehungen, die in einer entspannten Umgebung gedeihen, sind langlebiger und bewähren sich vor allem auch in schwierigen Zeiten. Sie schweißen euch als Team zusammen. So kommt ihr auf eine Wellenlänge und werdet vom wilden Haufen zur Band, die zusammenhält und Großartiges erschafft.

TEIL 5:
PUNKROCK IST SOZIAL.

IM MOSHPIT BLEIBT KEINER LIEGEN

»Es ist nicht deine Schuld, dass die Welt ist, wie sie ist. Es wär' nur deine Schuld, wenn sie so bleibt.«

Deine Schuld (die ärzte)[25]

Netzwerken, unter anderem auf dem Golfplatz, ist wichtig. Daran siehst du aber auch, worum es beim Business und beim Punkrock wirklich geht: dich mit anderen zu connecten, auf andere zuzugehen und zusammenzuarbeiten, um Großes zu erreichen. Eine Grundregel dabei ist, dass du erst gibst und dann etwas zurückerwartest. Diese Einstellung geht Hand in Hand mit einem der wichtigsten Aspekte von Punkrock, nämlich anderen zu helfen.

Denn Punkrock ist mehr als nur Lärm, Chaos und Rebellion. Er ist nicht nur laut und aggressiv. Im Kern stehen die Gemeinschaft und der Wille, sich gegenseitig zu unterstützen. Man steht füreinander ein. Tatsächlich ist Punkrock zutiefst sozial, aber das übersehen die meisten. Die Szene lebt davon, sich zu helfen. Jeder achtet auf den anderen und lässt niemanden allein. Herkunft oder Status spielen keine Rolle – es zählt die Einstellung. Egoismus hat keinen Platz, das Gemeinschaftsgefühl ist stark.

Diese Haltung prägt den Punkrock und sollte auch im Business eine Rolle spielen. Wenn du einem anderen Punkrocker begegnest, teilt ihr dieselben Werte. Warum ist das bei so wenigen Leuten im Business der Fall? Sollten wir nicht alle gemeinsame Werte und Ziele vor Augen haben, wie das Schaffen von Wachstum und Wohlstand, das Angebot hervorragender Dienstleistungen und die fruchtbare Zusammenarbeit mit Win-win-Situationen? Wenn du anderen hilfst, stärkst du schließlich nicht nur die Gemeinschaft, sondern auch dich selbst. Du gewinnst Mitstreiter, Gleichgesinnte und das gute Gefühl, kein Einzelkämpfer sein zu müssen.

Diese Haltung zeigt sich zum Beispiel bei den Toten Hosen. Sie sind nicht nur bekannt für ihre Musik, sondern auch für ihren sozialen Einsatz. So wurden sie mit dem NRW-Staatspreis geehrt, weil sie jahrzehntelang durch ihre Musik Einfluss auf den gesellschaftlichen Diskurs genommen haben. In seiner Rede zum Anlass sagte Ministerpräsident Hendrik Wüst: »Es sind ›Tage wie diese‹, die uns in Erinnerung bleiben sollen. Es sind aber vor allem ›Menschen wie diese‹. Menschen wie diese fünf Männer und ihr Team, deren Einsatz für eine bessere Gesellschaft wir uns zum Vorbild nehmen sollten. Musiker, die bei allem Erfolg und Ruhm nie vergessen haben, was wirklich zählt im Leben. Die sich unermüdlich für Menschen einsetzen, die Hilfe brauchen. Die Menschen in Not unter die Arme greifen und für ihre Würde kämpfen. Die Toten Hosen machen unser Land zu einem besseren Ort mit ihrem Einsatz für die Werte, die unsere Gesellschaft tragen.«[26] Und er zitierte Campino mit wahren Worten:

»Wir stehen vor einer großen Aufgabe. Wir alle gegen die Dummheit. Da wird jede Stimme gebraucht.«[27]

Ministerpräsident ehrt Musiker als „Legenden des Rock und Bühnenikonen"

Düsseldorf. Die Toten Hosen werden mit dem Staatspreis des Landes Nordrhein-Westfalen geehrt. Nach Informationen der Deutschen Presse-Agentur verleiht Ministerpräsident Hendrik Wüst (CDU) die höchste Auszeichnung des Bundeslandes der Band am 30. Oktober in der Landeshauptstadt Düsseldorf. Vergangenes Jahr hatte die ehemalige Bundeskanzlerin Angela Merkel (CDU) den Staatspreis bekommen.

Die Punkrock-Band soll für ihren prägenden Einfluss durch ihre Musik auf den „gesellschaftlichen Diskurs und die kulturelle Landschaft in Nordrhein-Westfalen und für ihr jahrzehntelanges soziales und gesellschaftliches Engagement" geehrt werden, heißt es aus der Staatskanzlei.

„Die Toten Hosen sind Rocklegenden und Bühnenikonen, sie sind eine der erfolgreichsten deutschen Bands aller Zeiten – und sie sind lebendiges nordrhein-westfälisches Kulturgut", erklärte Ministerpräsident Wüst.

Er ergänzte: „Ihre Popularität nutzen Die Toten Hosen für eine klare Positionierung gegen Fremdenfeindlichkeit, Antisemitismus und rechtsextreme Gewalt und für die Unterstützung von Menschen am Rande der Gesellschaft und in Notlagen." Sänger Campino und seine Kollegen seien nicht nur musikalische, sondern auch menschliche Vorbilder.

Der Staatspreis wurde 1986 gestiftet. Zu den bisherigen Preisträgern gehören der mehrfache Formel 1-Weltmeister Michael Schumacher, der frühere Bundesumweltminister Klaus Töpfer, Circus Roncalli-Gründer Bernhard Paul und die Frauenrechtlerin Alice Schwarzer. *dpa*

Das soziale und gesellschaftliche Engagement der Toten Hosen ist außergewöhnlich – sie stehen nicht nur für laute Punkrock-Rebellion, sondern für den Mut, Stellung zu beziehen und sich gegen Ungerechtigkeiten zu stellen. Ob gegen Fremdenfeindlichkeit, Antisemitismus oder rechtsextreme Gewalt, Die Toten Hosen nutzen ihre Reichweite, um etwas in der Gesellschaft zum Positiven zu verändern.

Ihr Engagement zeigt: Punkrocker sind nicht nur Musiker, sie sind Vorbilder, die ihre Popularität nutzen, um die Welt ein bisschen besser zu machen. Genau das ist es, was im Punkrock – und auch im Business – den Unterschied macht: echte und aufrichtige Hilfe ohne Eigeninteresse.

Dieses Prinzip passt perfekt ins Business, denn Erfolg entsteht, wenn man nicht nur auf sich selbst schaut, sondern auch andere unterstützt. Viele sehen die Geschäftswelt als Haifischbecken, doch wirklicher Erfolg kommt, wenn du anderen hilfst, ihr volles Potenzial zu entfalten. Du gewinnst, wenn du dafür sorgst, dass auch andere gewinnen. Punkrock zeigt, dass es nicht darum geht, allein an der Spitze zu stehen, sondern gemeinsam etwas zu erreichen. Davon profitieren alle Beteiligten.

Um aber überhaupt erst herauszufinden, wie du anderen bestmöglich helfen kannst, musst du zuerst wissen, wo du ansetzen musst. In meiner Karriere habe ich erlebt, wie kraftvoll es ist, anderen wirklich zuzuhören. Egal ob es um Mitarbeiter, Partner oder Kunden geht – höre zu, damit du weißt, wie du sie unterstützen kannst.

Einmal sagte mir eine 21-jährige Mitarbeiterin, ich müsse mich mehr um meine Schäfchen kümmern. Obwohl sie so viel jünger war, habe ich ihren Rat ernst genommen. Diese Offenheit und der Austausch auf Augenhöhe haben die Verbindung zwischen uns enorm gestärkt.

Wenn du dich dann ehrlich für andere einsetzt, kommen Anerkennung und Akzeptanz ganz von allein. Das ist nicht nur im privaten Alltag, sondern auch im Business von unschätzbarem Vorteil. Denn am Ende des Tages möchten die Menschen mit jemandem zusammenarbeiten, der nicht nur an sich denkt, sondern an das große Ganze – inklusive aller Schäfchen.

Das bedeutet allerdings nicht, dass du deine Gut-Mensch-Attitüde in die Welt hinausposaunst oder sie sogar missbrauchst. Es gibt in der Business-Welt zu viele, die ihre Hilfsbereitschaft als Marketingstrategie verkaufen. Das geht bis hin zu Green-washing (irreführende Angaben zur Umweltfreundlichkeit eines Unternehmens) und Social Washing (selbiges mit Bezug auf soziale Standards). Aber Punkrock ist anders und Business sollte es auch sein. Hier geht es nicht um Show, sondern um Echtheit. Du hilfst, weil du Gutes tun willst, nicht weil du etwas zurückerwartest.

Überlass es dem Karma zu regeln, was du für deine Taten zurückbekommst. Ein Beispiel aus meinem USA-Urlaub, den wir meinen Eltern zum Eintritt in ihr Rentenalter ermöglicht hatten: Ein Typ im Spidermankostüm am Broadway in New York hielt mir einen Zettel hin, auf dem ein Preis für ein Foto mit ihm stand. Nach dem Foto war der Preis allerdings doppelt so teuer und der Zettel auf wundersame Art ausgetauscht. Mein Satz zu ihm: »Karma will hit you!« Ich bezahlte und ließ ihn mit seiner Verantwortung allein. Ob die Interaktion etwas gebracht hat, weiß ich nicht, aber seine Körpersprache und der kurze zweifelnde Gesichtsausdruck genügten mir.

Das Geben ohne Hintergedanken ist das, was im Punkrock – und auch im Business – die stärksten Verbindungen schafft. Wenn du dich daran hältst, wirst du auf lange Sicht erfolgreicher sein, denn die Leute merken, wer echt ist und wer nur so tut als ob.

Natürlich gibt es auch immer Menschen, die versuchen, diese Hilfsbereitschaft auszunutzen. Aber das gehört dazu. Lass dich nicht entmutigen und halte an der Überzeugung fest, dass Geben am Ende immer stärker ist als Nehmen. Die Freude, die aufkommt, wenn du jemandem wirklich helfen kannst, hat mehr Gewicht als der Frust darüber, wenn es mal nicht funktioniert. Genau das ist der Kern von Punkrock: Du gibst, weil es sich gut anfühlt. Das ist die wahre Rebellion – gegen die egoistische Denkweise, die in vielen Bereichen des Lebens vorherrscht. Niemals zuvor in der Geschichte der Menschheit war Individualismus derart ausgeprägt in der Gesellschaft. Aber anstatt uns einzeln in unseren Blasen zu verkriechen, können wir auch einfach gemeinsam jegliche Blasen platzen lassen, zusammenkommen und füreinander einstehen. In einer Band spielt schließlich auch niemand für sich allein, sondern in Harmonie mit allen anderen.

Diese Einstellung ist auch der Schlüssel zu langfristigem Erfolg im Business. Denn am Ende geht es immer um Beziehungen. Egal ob du ein Unternehmen führst, in einem Team arbeitest oder ein Netzwerk aufbaust – es zählt, wie du mit den Menschen um dich herum umgehst. Wer anderen hilft, verschafft sich Verbündete, die einem in schweren Zeiten den Rücken stärken. Punkrock zeigt uns genau das: Solidarität, Gemeinschaft und den unbedingten Willen, anderen auf die Beine zu helfen. Schon Campino sagte in einem Interview während der COVID-19-Pandemie: »Soweit wir können, unterstützen wir auch andere bei finanziellen Engpässen, bis die Zeit vorüber ist.« Und er betonte weiter: »Ich kann nur sagen: Alle, die die Chance haben, Geld zu stunden oder Leute in der Branche vorübergehend über Wasser zu halten, sollten das tun. Wenn sich alles wieder normalisiert, werden wir dankbar sein für die Menschen, die wir gehalten haben.«[28]

Wenn du diese Einstellung in deinem Privatleben und deinem Business lebst, wirst du nie allein dastehen.

AKZEPTANZ VON ALLEM UND JEDEM

»So am I still waiting
For this world to stop hating?«

Still Waiting (Sum 41)[29]

Neben der aufrichtigen Hilfsbereitschaft ist auch Akzeptanz eines der wichtigsten Themen im Punkrock. Menschen werden so angenommen, wie sie sind, ohne Bedingungen. Diese Offenheit ist keine Schwäche, sondern eine Stärke, die sich im Umgang mit anderen zeigt. In der Punkrock-Szene spürt man das sofort: Jeder, der authentisch ist, wird angenommen, unabhängig von Herkunft oder Status.

Dieses Prinzip lässt sich direkt aufs Business übertragen. Menschen mit Wertschätzung zu begegnen und ihnen Raum zu geben, ihr Potenzial auszuschöpfen, schafft stabile Verbindungen. Du förderst dann ein Umfeld, in dem jeder so sein darf, wie er ist, und in dem sich jeder wohlfühlt. Das legt die Basis für eine gute Zusammenarbeit und langfristige Beziehungen.

Im Alltag zeigt sich diese Haltung in kleinen Gesten: Zuhören, Unterstützung anbieten und da sein, wenn es nötig ist. So öffnen sich Menschen und trauen sich, ihre unkonventionellsten und besten Ideen einzubringen. Diese Offenheit im Business führt zu einem innovativeren und leistungsfähigeren Austausch im Team.

Auch die Bereitschaft, Menschen so anzunehmen, wie sie sind, ohne sie immer weiter zur Perfektion und Optimierung anzutreiben, ist wichtig. Fehler dürfen passieren – bei dir und bei anderen. Achte stattdessen auf individuelle Stärken und Leidenschaften. Punkrock lebt genau diese Einstellung: Es geht nicht um Perfektion, sondern um das Herzblut, das man in die Sache steckt. Diese Energie wirkt auch im Business ansteckend. Wenn jeder weiß, dass er so akzeptiert wird, wie er ist, und seine Stärken ausleben darf, wird das Miteinander des Teams robuster und der Kreativität sind keine Grenzen gesetzt.

Diese Philosophie gilt ebenso im Umgang mit Kunden und Geschäftspartnern. Menschen spüren, wenn echtes Interesse an ihnen besteht, ohne dass sie sich verstellen müssen, und das wiederum sorgt dafür, dass Beziehungen gefestigt werden – egal ob geschäftlicher oder privater Natur.

Punkrock beweist, dass Zusammenarbeit, die auf Akzeptanz und Authentizität beruht, die Basis für den kreativen Erfolg eines Teams bildet.

AFRIKA RISE: PUNKROCK IST MEHR ALS MUSIK

»I hear an SOS
Last chance to open up your eye
A lot of clear distress,
The message left but ask me why
It's time to make it right.«

SOS (Millencolin)[30]

Die Hilfsbereitschaft und Akzeptanz im Punkrock beweisen eines: Punkrock hat Herz. Er ist laut, kompromisslos, aber auch zutiefst sozial. Genau das zeigt sich anhand von Afrika Rise, einem Projekt, das soziale Verantwortung und den Spirit von Punkrock perfekt vereint. Es begann nicht mit großen Plänen, sondern mit einer zufälligen Begegnung, die sich zu einem inspirierenden Projekt entwickelte.

Als ich wie bereits erwähnt Johnny Strange, Sänger der Band Culcha Candela, kennenlernte und wir ins Gespräch kamen, erzählte er mir von seinem Herzensprojekt Afrika Rise, das Bildung in Uganda fördert. Vor einigen Jahren hatten seine Onkel dort eine Schule aufgebaut, die seither Hunderten Kindern eine Ausbildung und dadurch eine neue Perspektive bot. Doch nun standen Johnny und seine Familie vor der großen Herausforderung, die Schule weiterzuführen.

Johnny suchte nach Möglichkeiten, das Projekt zu retten und die Schule langfristig zu sichern. Die Schule war auf einem Grundstück errichtet worden, das nicht der Schule gehörte, sondern nur gepachtet war, und der Pachtvertrag lief bald aus. Daher musste der Vertrag dringend erneuert oder eine andere Lösung gefunden werden, um das Land weiterhin nutzen zu können. Ohne diese Grundlage stand die Zukunft der Schule auf dem Spiel. Gleichzeitig dachte Johnny darüber nach, wie er das Bildungsangebot erweitern und die Schule noch besser in der Gemeinde verankern könnte. Sein Ziel war es, nicht nur das Bestehende zu erhalten, sondern das Projekt nachhaltig auszubauen, um noch mehr Kindern den Zugang zu Bildung zu ermöglichen. Sein Engagement und die Dringlichkeit, das Projekt zu sichern, beeindruckten mich zutiefst.

Für mich war sofort klar: Das ist genau das, was ich unterstützen will. Der Ansatz, den Menschen vor Ort echte Chancen zu bieten und sie zu befähigen, ihre Zukunft selbst in die Hand zu nehmen, hat mich gepackt. Afrika Rise steht nicht für Almosen oder kurzfristige Hilfsaktionen. Es geht um nachhaltige

Entwicklung, um das Aufbauen von Schulen und das Vermitteln von handwerklichen Fähigkeiten. Ein Schwerpunkt liegt dabei auf Rohstoffen wie Bambus, der schnell nachwächst und vielfältig eingesetzt werden kann. In handwerklichen Ausbildungsprojekten lernen die Menschen, Bambus bestmöglich zu nutzen – sei es für den Gebäudebau oder zur Herstellung verschiedener Produkte. Dieser umweltfreundliche Rohstoff ist wirtschaftlich enorm interessant und ermöglicht eine nachhaltige Win-win-Situation für Mensch und Natur.

Die Idee hinter Afrika Rise ist simpel: Die Menschen vor Ort erhalten die Werkzeuge an die Hand, die sie brauchen, um langfristig unabhängig zu werden. Anstatt Abhängigkeiten zu schaffen, entstehen Perspektiven – sei es für Bildung, berufliche Entwicklung oder ein selbstbestimmtes Leben. Die Verbindung zum Punkrock geht dabei über Johnny Strange hinaus: Es geht um Eigenständigkeit, um die Rebellion gegen das, was als gegeben betrachtet wird, und um den Mut, die Dinge selbst in die Hand zu nehmen. Mehr Punkrock geht nicht.

Seit ich in die Unterstützung von Afrika Rise eingestiegen bin, ist das Projekt bereits deutlich gewachsen. Durch Benefizkonzerte in Deutschland wurde nicht nur Geld gesammelt, sondern sie brachten auch Menschen zusammen, die an die gleiche Vision glauben: Wir können mit den Mitteln, die uns zur Verfügung stehen, echte Veränderungen bewirken. Es war unglaublich zu sehen, wie das Netzwerk, das wir aufbauten, immer größer wurde. Musiker, Unternehmer und ganz normale Menschen, die etwas Gutes tun wollten, kamen zusammen, um dieses Projekt zu unterstützen. Jeder brachte seine Fähigkeiten und Kontakte ein und so wuchs Afrika Rise zu einer Bewegung, die über die jeweiligen Bereiche von Musik und Business weit hinausging und trotzdem beide vereinte.

Green-Vocational-Training

Aber es geht nicht nur um Geld und Unterstützung von außen. Besonders überrascht war ich davon, wie Afrika Rise auch innerhalb unseres Teams gewirkt hat. Die Arbeit an diesem Projekt hat meine Mitarbeiter inspiriert, selbst mehr Eigeninitiative zu zeigen und über ihre täglichen Aufgaben hinauszudenken. Sie haben erkannt, dass zu einem Business nicht nur Zielerreichungen, Erfolge und Statistiken gehören, sondern dass man auch etwas zurückgeben sollte an diejenigen, die Hilfe benötigen. Das brachte eine komplett neue Energie in unser Unternehmen – plötzlich war da eine tiefere Ebene, die über Umsatz und Profit hinausreichte.

In genau der Woche, in der ich in unserer Firma von dem Projekt berichtete, wollte ein langjähriger Mitarbeiter kündigen. Dann kam Afrika Rise ins Spiel. Ohne dass wir es geplant hatten, berührte ihn das Projekt ungemein. Als wir das Video für Afrika Rise im Team vorstellten und über den sozialen Aspekt sprachen, war er plötzlich neu motiviert. Der Gedanke, dass wir mit unserer Arbeit auch etwas Gutes tun und einen echten Unterschied machen wollten, überzeugte ihn unter anderem davon, zu bleiben. Heute ist er unser Head of Human Resources und gibt diese Werte von Ausbildungsbeginn an weiter.

Mitarbeiter wollen für mehr arbeiten als den durchschnittlichen Stundenlohn. Sie wollen sehen, dass ihre Tätigkeit etwas Gutes auslöst, sie an etwas Größerem beteiligt sind. Was könnte es dafür Besseres geben als ein Projekt wie Afrika Rise? Das Projekt zeigt uns immer wieder aufs Neue, dass Business nicht nur aus Zahlen besteht, sondern aus Menschen und auch die Verantwortung hat, etwas zurückzugeben.

Afrika Rise ist der beste Beweis dafür, dass Punkrock mehr ist als Musik und Business mehr als Profit. Beide sollten eine Lebenseinstellung veranschaulichen, bei der man Verantwortung übernimmt, sich nicht mit dem gesellschaftlichen Status quo zufriedengibt und die Dinge in der Welt wirklich zum Guten verändern will.

WIE WIR AFRIKA RISE AUFS NÄCHSTE LEVEL GEBRACHT HABEN

von Johnny Strange (Culcha Candela)

Es war ein gewöhnlicher Flug nach Mallorca, der zu etwas ganz Besonderem wurde. Mit meinem Laptop auf den Knien war ich wie immer vertieft in die Arbeit für Afrika Rise. Buchhaltung ist nicht meine Stärke und so kämpfte ich mich durch Zahlen und Tabellen, als mein Sitznachbar mich ziemlich frech ansprach. Doch es entstand ein cooles Gespräch, in dem er mir direkt wertvolles Feedback gab. Seine Vorschläge zur Verbesserung einiger organisatorischer Abläufe bei Afrika Rise trafen direkt ins Schwarze. Er bot mir seine Hilfe an – ungefragt und mit einer Begeisterung, die sofort Vertrauen schuf. Dieser Sitznachbar war Daniel Vogler.

Es stellte sich heraus, dass Daniel ein erfahrener Unternehmer ist, der mit Leidenschaft neue Projekte unterstützt. Das war der Beginn einer Zusammenarbeit, die Afrika Rise auf ein neues Level heben sollte. Erst später realisierte er, dass ich Musiker bin und er mich schon häufig im Radio gehört hatte. Seine Offenheit und sein Humor machten ihn sofort zu einem Freund und noch am selben Abend lud ich ihn zu einem unserer Auftritte ein. Was folgte, war der Beginn einer inspirierenden Freundschaft mit einem gemeinsamen Ziel: die Welt durch Engagement und Zusammenarbeit besser zu machen.

Punkrock ist für uns beide nicht nur Musik, sondern eine Lebenseinstellung. Auch wenn wir mit Culcha Candela eher für leichtere Tunes bekannt sind, bin auch ich unter anderem mit Punkrock aufgewachsen. Er steht für Rebellion, Ehrlichkeit und die unbedingte Bereitschaft, Dinge zu verändern. Genau diese Werte bringen Daniel und mich zusammen. Für ihn ist Punkrock ein Leitmotiv, das sich in seiner Arbeit und seinem Umgang mit Menschen widerspiegelt. »Punkrock-Business« nennt er es – ein Ansatz, der Spaß, Freiheit und Sinnhaftigkeit vereint.

Die Energie, die aus dieser Philosophie entsteht, hat etwas Befreiendes. Sie erlaubt es, traditionelle Denkmuster zu durchbrechen und neue Wege zu gehen. Auch Afrika Rise lebt von dieser Energie. Wir sehen die Herausforderungen und fragen uns nicht »Warum?«, sondern »Warum nicht?«. Diese Haltung treibt uns an und macht das Projekt zu mehr als nur einer Wohltätigkeitsinitiative. Es ist eine Bewegung, mit der wir unsere Welt zu einem besseren Ort machen wollen, und Musik ist ihr Katalysator.

Meine Mitarbeit bei Afrika Rise, das ursprünglich von meinen Onkeln in Uganda gestartet wurde, entstand aus einer simplen, aber kraftvollen Idee heraus: Meine Musik und die Plattform, die mir diese gibt, kann nicht nur unterhalten, sondern auch verändern, beeinflussen, inspirieren und vor allem Gelder einbringen für Menschen, die teilweise nicht einmal Zugang zu einem Bankkonto haben. Der Einstieg kam aber über ein gänzlich anderes Projekt. Als Teenager war ich in unzähligen Bands aktiv, die oft mehr Tracks produzierten, als wir jemals auf ein Album bringen konnten. Daher beschlossen wir, diese Energie zu bündeln, und veröffentlichten eine Compilation-CD, deren Erlös in den Bau eines Brunnens in Uganda fließen sollte.

Das Projekt war ein Erfolg, aber es blieb bei mir das Gefühl zurück, dass wir mehr tun konnten. Der Brunnen war gebaut, doch viele der Probleme vor Ort blieben bestehen. Ich wollte etwas schaffen, das langfristige Perspektiven bietet – nicht nur Tropfen auf den heißen Stein, sondern echten Wandel. Über das Brunnenprojekt kam ich zu Regenwasseranlagen und von dort zum Projekt meiner Onkel. Sie hatten eine Berufsschule gegründet, die jungen Menschen in Uganda handwerkliche Fähigkeiten vermittelt. Sie sollten in der Lage sein, selbstständig für sich und ihre Gemeinschaft zu sorgen.

Das ist einer der zentralen Gedanken bei Afrika Rise – es will keine reine Charity sein, die lediglich Geld in eine Gemeinschaft pumpt, sondern zu wirtschaftlicher Eigenständigkeit führen. Eine Abhängigkeit von Spenden kann nicht die Lösung sein. Stattdessen fördern wir Unternehmertum und schaffen Strukturen, die langfristig Bestand haben. In Zusammenarbeit mit lokalen Partnern und internationalen Unterstützern besuchen mittlerweile über 100 Schüler die Schule, bei der 16 Vollzeitbeschäftigte angestellt sind. Die jungen Menschen lernen dort, ihre Fähigkeiten einzusetzen, um sich eine eigene Existenz aufzubauen und gleichzeitig auch ihrer Community zu helfen.

Doch der Weg ist nicht immer einfach. Unser bisheriger Standort musste aufgrund eines abgelaufenen Mietvertrags aufgegeben werden und wir befinden uns mitten in der Umsiedlung. Auf einem neuen Gelände bauen wir die Schule neu auf – mit noch besseren Perspektiven. Dazu gehört auch der Fokus auf regenerative Energie. Gemeinsam mit Partnern entwickeln wir Programme, die den Zugang der Menschen in Uganda zu Elektrizität und damit zu wirtschaftlichen Möglichkeiten verbessern. Diese Projekte bieten nicht nur den Menschen vor Ort eine Zukunft, sondern auch internationale Geschäftsmöglichkeiten.

Daniel ist in dem Ganzen nicht nur Unterstützer, sondern auch Vorbild. Seine Philosophie, Unternehmertum mit sozialem Engagement zu verbinden, hat mich tief beeindruckt. Er sieht nicht nur den wirtschaftlichen Erfolg, sondern auch die Möglichkeit, mit seinem Wissen und seinen Netzwerken eine positive Veränderung herbeizuführen. Je mehr ich mich mit Persönlichkeiten wie ihm austausche, desto klarer wird mir, wie wichtig Menschen mit unternehmerischem Denken für soziale Projekte, wirtschaftlichen Fortschritt an weniger entwickelten Orten wie Uganda und die Schaffung von Möglichkeiten für die Menschen dort sind. Sie denken lösungsorientiert, handeln schnell und sehen in Herausforderungen Chancen.

Als jemand, der aus einem politisch sehr links geprägten Umfeld kommt, habe ich diese Berufsgruppe früher eher kritisch betrachtet. Heute weiß ich, dass unternehmerische Kreativität – sofern sie mit verantwortungsbewusstem Handeln verbunden ist – die Lösung für wirtschaftliche Probleme sein kann, bei uns in Europa genauso wie an Orten der Welt, die bisher mit weniger Wohlstand gesegnet sind als wir.

Durch Daniel haben wir Zugang zu einem breiten Netzwerk von engagierten Akteuren erhalten. Auf den verschiedensten Veranstaltungen konnten wir nicht nur finanzielle Unterstützung sammeln, sondern auch Wissen und Ideen austauschen. Es geht nicht nur darum, Geld zu spenden, sondern vor allem darum, Kräfte zu bündeln und gemeinsam an einem Strang zu ziehen, um langfristige Potenziale zu schaffen.

Was Daniel außerdem vorlebt, ist, dass Punkrock und Unternehmertum perfekt zusammenpassen. Sowohl Freigeister der Punkrock-Szene als auch kreative Köpfe aus der Wirtschaft leben von der Bereitschaft, Regeln zu hinterfragen und Neues zu wagen. Diese beiden Welten haben mehr gemeinsam, als man vielleicht denkt. Deshalb steht für innovative Vordenker auch nicht der Profit im Vordergrund, sondern das Glück und die Zufriedenheit der Mitarbeiter und aller Beteiligten. Dieser inspirierende Ansatz, der Menschlichkeit mit wirtschaftlichem Erfolg verbindet, wird auch bei Afrika Rise gelebt.

Afrika Rise ist mehr als ein zeitweiliges Projekt – es ist eine Plattform für globale Zusammenarbeit und Innovation. Während in Europa bereits viele Märkte ausgeschöpft sind, gibt es in Uganda noch unglaublich viel Aufholbedarf und dadurch auch Potenzial. Wer Teil dieser Bewegung werden will, egal ob als Mitglied, Unterstützer, Investor oder Partner, kann sich hier melden:

https://www.afrikarise.de/

Jede Hilfe zählt! Wir suchen nicht nur Spenden, sondern vor allem auch Menschen, die ihr Wissen, ihre Netzwerke und ihre Begeisterung einbringen möchten. Und Investoren, die die Chancen in aufstrebenden Regionen in Uganda nutzen möchten, um die Energieversorgungsinfrastruktur vor Ort auszubauen und damit einen nachhaltig positiven Impact mit ihrer Investition haben möchten. Einen Impact, der die Welt verändert. Afrika Rise ist der Beweis, dass Musik, Unternehmertum und soziale Verantwortung eine transformative Kraft entfalten und eine neue Zukunft schaffen können. Sei dabei – für eine Welt, in der wirklich jeder die Chance hat, sein volles Potenzial zu entfalten.

99

TEIL 6:
PUNKROCK IST PERSÖNLICHE ENTWICKLUNG

MIT DEM KOPF DURCH DIE WAND

>>Es ist schwer, seinen Weg
nicht zu verliern
und bei den Regeln
und Gesetzen hier
ohne Verrat ein Leben zu führn
das man selber noch respektiert.<<

Steh auf, wenn du am Boden bist (Die Toten Hosen)[31]

Auch wenn der soziale Aspekt im Punkrock unglaublich wichtig ist, so führt manchmal kein Weg daran vorbei, geradeaus weiterzugehen, selbst wenn du auf Widerstand stößt. Das ist Punkrock: an den eigenen Überzeugungen festzuhalten, auch wenn keiner an dich glaubt, und weiterzumachen, obwohl der Erfolg noch in weiter Ferne liegt. Du spürst tief in dir, dass es der richtige Weg ist – also gibst du nicht nach. Diese Energie, sich durchzukämpfen und gegen den Strom zu schwimmen, hat auch mich in meiner Entwicklung immer begleitet.

Manchmal brauchst du diesen kompromisslosen Willen, um voranzukommen. Nimm AC/DC oder Metallica als Beispiele: Beide Bands hatten zu Beginn ihrer Karriere alles andere als leichtes Spiel. Kein Radiosender spielte ihre Musik, die großen Plattenfirmen ignorierten sie und die ersten Gigs waren keinesfalls glamourös. Doch das hielt sie nicht auf. Sie blieben stur bei ihrer Vision, spielten in kleinen Klubs, verdienten kaum etwas und kämpften sich durch. Heute sind sie Legenden. Ihr unerschütterlicher Glaube an ihre Sache und diese gewisse Sturheit brachten sie an die Spitze.

Genauso erging es mir in meiner Laufbahn. Ob als Musiker oder später im Business – oft habe ich Wege eingeschlagen, die auf den ersten Blick nicht vielversprechend wirkten und bei denen andere nur die Köpfe schüttelten. Zweifel waren immer da, aber ich habe nie zugelassen, dass sie mich aufhalten. Im Gegenteil: Unsicherheit hat mich angespornt. Das Punkrock-Mindset lehrte mich weiterzumachen, auch wenn die äußeren Umstände alles andere als ideal waren und auf keine Unterstützung zu hoffen war. Denn Erfolg bedeutet nicht, sofortige Ergebnisse zu sehen. Er stellt sich meistens erst ein, wenn du durchhältst, auch wenn die Chancen gegen dich stehen.

In der Punkrock-Szene wird niemand für Anpassung gefeiert. Anerkennung bekommst du, wenn du deinen eigenen Kopf durchsetzt, dich von Hürden nicht beeindrucken lässt, sondern immer ein wenig »drüber« bist. Diese Denkweise half mir, neue Wege zu gehen, auch wenn sie riskant wirkten. Es gab unzählige Momente, in denen der einfache Weg verlockender gewesen wäre. Doch Anpassung führt selten zu Innovation.

Ähnliches sollte auch im Business der Fall sein. Nicht umsonst haben Unternehmen mit einer Unique Selling Proposition (USP) die Nase vorn. Würden sie nicht stur an dem festhalten, was sie einzigartig macht, sondern den allgemeinen Trends nachgeben, dann wären sie wie jeder andere und weniger erfolgreich.

Punkrock steht für den Kampf gegen Konventionen, aber nicht nur um des Kampfes willen. Der Fokus liegt darauf, für das einzustehen, woran du glaubst. Manchmal bedeutet das, gegen den Strom zu schwimmen und nicht aufzugeben, selbst wenn alle anderen dich für verrückt halten. Genau in diesen Momenten, wenn du den größten Gegenwind spürst, zeigt sich, wie stark du an deine Ideen glaubst.

Diese Haltung habe ich auch im Business nie abgelegt. Als Unternehmer standen immer wieder Entscheidungen an, bei denen es einfacher gewesen wäre, den leichten Weg einzuschlagen oder sich anzupassen. Doch das war nie mein Ding. Warum? Weil das nicht Punkrock ist.

Ich habe gelernt, dass echter Erfolg dann kommt, wenn du bereit bist, etwas zu riskieren und dranzubleiben, auch wenn andere längst aufgegeben haben.

Das bedeutet nicht, blind durch Wände zu rennen. Such dir die richtige Wand aus und durchbrich sie. Triff kluge Entscheidungen und hab den Mut weiterzumachen, wenn andere längst aufgegeben haben. In schwierigen Zeiten habe ich mich gefragt: Was würde ein Punkrocker tun? Würde er aufgeben oder sich anpassen? Nein, er würde weiter seine eigene Musik spielen, auch wenn keiner zuhört. Und irgendwann fangen die Leute an, die Ohren aufzustellen.

Ergebnisse kommen nicht immer sofort, aber wenn du überzeugt davon bist, dass dein Weg der richtige ist, musst du dranbleiben. Ich habe über die Jahre gelernt, dass Phasen ohne sichtbare Erfolge dazugehören. Es wäre leicht gewesen, den Stimmen der Zweifler nachzugeben. Doch in solchen Momenten musst du dir ins Gedächtnis rufen, warum du überhaupt angefangen hast und dass es sich lohnt, für die eigene Vision zu kämpfen. Das ist die wahre Punkrock-Mentalität.

Die großen Bands wie The Clash oder The Ramones haben ihren Erfolg nicht durch schnellen Ruhm erreicht. Sie blieben ihrem eigenen Weg treu, egal wie steinig er war. Sie mögen sich an vielen Wänden Beulen geholt haben, aber irgendwann waren sie stark genug, um jegliche Wände zu zerlegen. Genau diese Haltung machte sie zu Ikonen. Im Business ist es ähnlich: Wer wirklichen Erfolg will, muss bereit sein, auch trotz Widerstand weiterzumachen. Innovation entsteht nur, wenn du den Mut hast, deinen eigenen Weg zu gehen und dich auch mal querzustellen.

BODENSTÄNDIGKEIT

»Now all them things that seemed so important, well mister they vanished right into the air.«

The River (Bruce Springsteen und E Street Band)[32]

Bei mir fängt alles da an, wo ich ursprünglich herkomme – nämlich auf dem Bauernhof. Diese Art der Herkunft prägte mich fürs Leben, denn es wurde mir früh beigebracht, was wirklich zählt: Familie, harte Arbeit und immer den Boden unter den Füßen zu behalten. Diese Werte begleiten mich bis heute und sorgen dafür, dass ich nicht abhebe, selbst wenn das Business durch die Decke geht.

Auf dem Bauernhof lernst du, dass nichts von allein kommt. Es gibt keine Abkürzungen. Du musst raus, egal ob es regnet oder die Sonne scheint, egal ob du müde bist oder nicht – es gibt immer etwas zu tun. Dieser pragmatische Ansatz hat mir im Business geholfen und ich glaube fest daran: Du kannst alles erreichen, solange du weißt, wo du herkommst. Harte Arbeit und Bodenständigkeit sind keine Begriffe, die ich mir irgendwann angeeignet habe. Sie waren schon immer Teil meines Lebens. Diese Einstellung hilft mir dabei, in jeder Situation einen klaren Kopf zu bewahren und mich nicht von äußeren Einflüssen aus der Ruhe bringen zu lassen.

Klar, ich habe in meinem Leben viel Geld verdient, aber ich glaube, man hat mir das nie wirklich angesehen. Mein Fokus lag nicht auf teuren Statussymbolen oder Luxusgütern. Ich fahre zwar ab und an mit einem fetten Firmenwagen durch die Gegend, aber das ist für mich keine Erfüllung. Es gibt hier weitaus mehr, wofür es sich zu leben und zu arbeiten lohnt. Erfolg wird für mich nicht daran gemessen, wie groß jemandes Haus oder wie teuer jemandes Auto ist. Es geht darum, sich treu zu bleiben, auch wenn der Kontostand wächst. Bodenständigkeit bedeutet für mich, unabhängig von Erfolg und Geld die Menschen und Werte im Blick zu behalten, die wirklich zählen.

Bodenständigkeit heißt nicht, klein zu denken – sie heißt, groß zu handeln, ohne den Kopf zu verlieren.

Es gibt viele Momente in der Musikszene, die für mich echte Bodenständigkeit verkörpern. Ein großartiges Beispiel sind Die Toten Hosen. 2017 haben sie wieder einmal auf ihrer »Magical Mystery Tour« in den Wohnzimmern ihrer Fans gespielt. Anstatt nur in den großen Arenen aufzutreten, entschied sich die Band, die Nähe zu ihren Fans zu suchen und in einer intimen Atmosphäre Musik zu machen. Dabei ging es nicht um teure Tickets oder spektakuläre Bühnenshows, sondern um die Freude an der Musik und den direkten Kontakt zu den Menschen. Trotz ihres enormen Erfolgs haben sie es verstanden: Bodenständigkeit bedeutet, sich nicht über andere zu stellen, sondern auch in einfachen, ehrlichen Momenten das Besondere zu sehen. Die Toten Hosen zeigen, dass man die größten Bühnen der Welt erobern und trotzdem den Weg zurück in ein ganz normales Wohnzimmer finden kann – einfach, weil es Freude macht und man sich selbst treu bleibt.

Auch Bruce Springsteen verkörpert diese Bodenständigkeit. Seine Musik erzählt bis heute Geschichten vom Leben der einfachen Leute – von harter Arbeit, Familie und alltäglichen Herausforderungen. Springsteen füllt weltweit die größten Stadien und könnte sich längst im Luxus verlieren. Aber er bleibt seinen Wurzeln treu und singt über das, was er kennt und was ihm wichtig ist. Für ihn geht es nicht darum, mit Reichtum zu prahlen, sondern darum, authentisch zu sein und die Werte hochzuhalten, die wirklich für ihn zählen.

Bodenständigkeit zeigt sich darin, sich selbst nicht zu wichtig zu nehmen, egal wie erfolgreich man wird. Das bedeutet, auch während eines Höhenfluges nicht die Menschen zu vergessen, die einen dorthin begleitet haben. Es ist die Fähigkeit, ehrlich zu den eigenen Werten zu stehen – selbst wenn der Druck, sich zu verändern, immer größer wird. Es geht darum, sich nicht von äußeren Einflüssen blenden zu lassen und stattdessen auf das zu setzen, was wirklich wichtig ist. Man braucht Entschlossenheit, um auch auf dem Gipfel den Boden unter den Füßen zu behalten und sich immer wieder daran zu erinnern, was einen überhaupt dorthin gebracht hat.

Von bodenständigen Punkrockern könnten sich manche Business-Magnaten eine Scheibe abschneiden. Wie viele Manager und CEOs gibt es, die aufgrund ihres Reichtums völlig den Boden unter den Füßen verloren haben? Sie sehen Abfindungssummen im Millionenbereich, übersehen aber die Mitmenschen, auf die sich ihre Entscheidungen auswirken. Sie sind derart abgehoben, dass sie sich den Alltag des Großteils der Bevölkerung gar nicht mehr vorstellen können. Im Übrigen ist das auch ein Problem vieler Politiker. Von Bodenständigkeit profitieren alle, egal in welchen Branchen sie unterwegs sind.

Denn wer bodenständig ist, schätzt die kleinen Dinge im Leben und bewahrt sich in einer Welt voller Statussymbole und Vergleiche einen klaren Kopf. Wahre Größe liegt dann nicht darin, sich über andere zu stellen, sondern darin, die Menschen um sich herum auf Augenhöhe zu behandeln und zu verstehen.

Die wahren Größen der Musikszene wissen das. Sie lassen sich nicht von Erfolg und Geld vereinnahmen, sondern bleiben ihrer Haltung treu. Sie besitzen die Fähigkeit, auf dem Teppich zu bleiben und inmitten des Trubels das Wesentliche nicht aus den Augen zu verlieren. Nur so bleiben sie auch nach Jahrzehnten an der Spitze der Charts, mit ausverkauften Konzerten und Hallen, und in den Herzen des Publikums.

SELBSTSICHERHEIT

»Lass die Leute reden und hör ihnen nicht zu Die meisten Leute haben ja nichts Besseres zu tun.«

Lasse redn (die ärzte)[33]

So wie die Bodenständigkeit eine Eigenschaft ist, auf die man achten muss, ist auch die Selbstsicherheit keine Selbstverständlichkeit. Sie kommt mit dem Bewusstsein für die eigenen Stärken und ja, auch Schwächen, wobei ich das Wort »Schwächen« nicht mag. Ich nenne sie lieber »Eigenschaften«. Denn Schwächen klingen nach Defiziten und mal ehrlich, wer hat schon echte Defizite? Selbstsicher zu sein bedeutet, sich aller Eigenschaften bewusst zu sein und sie auch zu nutzen. Am Ende kann sich jeder Charakterzug mit der richtigen Denkweise in eine Stärke verwandeln.

Musiker wie auch Führungskräfte brauchen Selbstsicherheit. Dabei geht es beim Führen aber nicht darum, andere kleinzuhalten. Führen heißt für mich, den Leuten um mich herum zu ermöglichen, das Beste aus sich herauszuholen.

Ich sehe meine Aufgabe darin, andere zu fördern, auch wenn das bedeutet, dass sie irgendwann ihr eigenes Ding machen und das Unternehmen verlassen. Wir sind selbstsicher genug, um ihnen diese Freiheit zuzugestehen.

Ein gutes Beispiel dafür ist ein Projektmitarbeiter, der bei uns in der IT tätig war. Er entschied sich, unser Unternehmen zu verlassen, um bei einer anderen Firma die Verantwortung für neue IT-Anschaffungen zu übernehmen. Natürlich war das ein Verlust für uns, aber wir haben seinen Abschied nicht als Angriff gesehen. Stattdessen haben wir ihn fair und respektvoll verabschiedet.

Ein halbes Jahr später kam dann die Überraschung: Er brachte ein Projekt für uns an Land, das 200.000 Euro wert war. Er hatte uns weiterempfohlen und so dafür gesorgt, dass wir den Auftrag bekamen. Das war Vitamin B in seiner reinsten Form – entstanden aus einer professionellen Zusammenarbeit, die immer auf menschlichen Werten basierte.

Dieses Beispiel zeigt, wie wichtig es ist, fair und menschlich zu handeln. Wenn du in schwierigen Momenten Größe zeigst, kann das langfristig starke Verbindungen schaffen. Unser ehemaliger Mitarbeiter blieb uns nicht nur als Kontakt, sondern auch als Freund erhalten. Solche Beziehungen entstehen nur, wenn beide Seiten einander mit Respekt und Wertschätzung begegnen.

Daher ist anderen den Weg zu ebnen und sie zu inspirieren, auch wenn sie dann später ihr eigenes Ding machen, ein Teilaspekt von Selbstsicherheit. Dazu gehört die Fähigkeit, loslassen zu können und darauf zu vertrauen, dass irgendwann wieder etwas Gutes zurückkommt.

Fördere andere, anstatt sie festzuhalten.

Selbstsicherheit entsteht durch aktives Anpacken, nicht durch Warten. Niemand muss 100 Prozent sicher sein, um etwas anzugehen – wie Musiker, die vor jedem Auftritt aufgeregt sind, aber trotzdem auf die Bühne gehen. Der Musiker wirkt selbstbewusst, doch innerlich kämpft er vielleicht mit Zweifeln. Der Unterschied liegt darin, dass er trotzdem handelt und das macht, was er liebt. So wächst Selbstsicherheit – durch Überwinden und Handeln.

Am Anfang steht also die Entscheidung. Manchmal denken Leute, sie könnten keine Entscheidungen treffen, weil sie nicht alle Informationen haben. Aber das ist Quatsch. Auch morgen wirst du nicht alles wissen. Du kannst niemals alle Eventualitäten abwägen. Die besten Entscheidungen triffst du, indem du auf dein Bauchgefühl hörst und mit dem arbeitest, was du gerade hast.

Ich bin mehrmals spontan umgezogen – von meiner Heimat nach Reutlingen, nach München, dann nach Wien und schließlich nach Berlin. Diese Umzüge kamen von heute auf morgen, ohne dass alles perfekt geplant war. In München habe ich eine neue Geschäftsstelle aufgebaut, in Wien eine Auslandsgesellschaft. Es war nie alles von Anfang bis Ende durchorganisiert, ich musste auch mal improvisieren – ob es nun darum ging, eine Wohnung zu finden oder mich in meinem neuen Umfeld zurechtzufinden. Diese Entscheidungen basierten weniger auf langen Überlegungen, sondern darauf, dass ich spürte, dass das der richtige Weg war. Ich war selbstsicher genug, diese Schritte ins Ungewisse zu gehen. Die Umzüge haben mich gelehrt, dass es nicht darauf ankommt, alle Informationen und einen ausgeklügelten Plan zu haben. Du musst einfach handeln und darauf vertrauen, dass sich der Rest fügt.

Wenn du wartest, bis alles perfekt ist, wirst du nie in Bewegung kommen.

Ich bin jemand, der schnell entscheidet. Wenn ich weiß, dass etwas Sinn ergibt, mache ich es sofort. Diese Selbstsicherheit kommt nicht daher, dass ich immer recht habe. Aber ich habe gelernt, dass es besser ist, aktiv zu werden, als vor lauter Angst gar nichts zu tun. Selbstsicherheit hat für mich immer auch mit dem Vertrauen in die eigenen Fähigkeiten zu tun. Man kann nicht immer wissen, wie Dinge ausgehen, aber zuversichtlich darüber sein, dass man klarkommt, egal was passiert.

Natürlich kommt solches Selbstvertrauen nicht über Nacht. Es ist etwas, das man sich aufbaut, Schritt für Schritt, indem man Dinge ausprobiert, Risiken eingeht und sich durchsetzt – auch wenn es manchmal schiefgeht. Fehler gehören dazu, das lernt man im Vertrieb genauso wie auf der Bühne. Es gibt keine hundertprozentige Sicherheit, dass jeder Auftritt, jedes Geschäft oder jede Entscheidung perfekt laufen wird. Doch genau das macht Selbstsicherheit aus: Du lernst, dass du nicht alles kontrollieren kannst, und genau das gibt dir die Freiheit, mutig zu handeln. Jeder Rückschlag, jedes »Nein« im Vertrieb oder jedes schiefgelaufene Konzert macht dich stärker. Es zeigt dir, dass du immer wieder aufstehen kannst und weitermachst.

PSYCHOLOGISCHE WIRKUNG

»It's somethin' unpredictable, but in the end is right I hope you had the time of your life.«

Good Riddance (Green Day)[34]

Du siehst also, dass der Spirit von Punkrock zu deutlich mehr Lebensbereichen Parallelen aufweist, als es auf den ersten Blick scheint. Das ist auch einer der Gründe, warum die Mentalität, die mit dem Punkrock kommt, im Geschäftsleben so nützlich ist. Das Leben im Business kann manchmal so festgefahren sein, dass du das Gefühl hast, dir bleibt kaum Luft zum Atmen. Termine, Druck, Erwartungen sind dein Alltag und es ist nur eine Frage der Zeit, bis dich das völlig aufreibt. Aber genau hier kommt der Punkrock ins Spiel. Ja, Punkrock. Nicht nur als Musikrichtung, sondern als Haltung. Er ist der Antrieb dafür, den Kopf freizubekommen und dir die mentale Freiheit zu nehmen, die du brauchst.

Die Kunst des Loslassens:

Im Business-Alltag dreht sich alles um Leistung. Man erwartet von dir, dass du ablieferst, Lösungen findest und immer perfekt funktionierst. Um in diesem System zu bestehen, musst du dir selbst die Pausen gönnen, die dein Kopf braucht. Sich immer nur an Regeln zu halten und ständig zu funktionieren, ist langfristig nicht möglich. Stattdessen brauchst du Freiraum für den Kopf, um im Job wirklich erfolgreich zu sein.

Das klingt erst einmal banal, oder? Aber überleg mal: Wie oft hetzt du von einem Meeting ins nächste, ohne einen klaren Gedanken fassen zu können? Wie oft wachst du mitten in der Nacht auf und dein Kopf arbeitet noch weiter? Wie oft bist du zu Hause, aber mental noch im Büro? Stress ist ein ständiger Begleiter, aber er ist auch der Feind deiner Kreativität und Produktivität. Was hilft? Hier kannst du eine Lektion aus dem Punkrock ziehen: die Kunst, loszulassen, auszubrechen und den Druck abzuwerfen. Punkrock ist die Musik, die keine Kompromisse macht. Und das solltest du auch für deinen Kopf übernehmen: keine Kompromisse, wenn es um deinen mentalen Ausgleich geht.

Zeit für deine Leidenschaft:

Nimm dir Zeit für deine Leidenschaft, ganz egal, ob es Musik, Sport oder einfach ein Hobby ist, bei dem du abschalten kannst. Wenn du dich in etwas Kreativem verlierst, schüttet dein Gehirn Endorphine aus – Glückshormone, die dich sofort entspannen lassen. Jeder, der jemals auf einem Konzert war und völlig in der Musik aufgegangen ist, kennt dieses Gefühl. Du vergisst den ganzen Mist des Alltags, der Stress fällt ab und in diesem Moment bist du frei. Wenn du dir regelmäßig diese Auszeiten gönnst, wirst du merken, wie dein Kopf klarer wird und du mehr Energie hast.

Konzerte als mentaler Kurzurlaub:

Einer der besten Orte, um den Kopf freizukriegen, ist für mich ein Konzert. Egal ob es ein kleines Klub-Konzert oder eine riesige Festivalbühne ist – diese Momente sind der perfekte Ausgleich zum stressigen Business-Alltag. Auf Konzerten ist nichts wichtiger als der Moment selbst. Du stehst in der Menge, die Musik ist laut, die Energie im Raum ist förmlich greifbar. Der Bass hämmert, die Gitarren kreischen und du spürst die Freiheit in jeder Note. Musik lässt in deinem Kopf keinen Platz für Ablenkungen. Es zählt nichts anderes. Der Druck fällt von dir ab, die Sorgen lösen sich auf. Für ein paar Stunden bist du einfach nur du und alles, was zählt, ist die Musik. Das Gefühl, nach einem Konzert völlig durchgeschwitzt, aber glücklich nach Hause zu gehen, ist unbeschreiblich. Manchmal ist das genau der Kick, den du brauchst, um im Job wieder klarzukommen.

Musik als Stimmungsaufheller:

Dass Konzerte nicht nur Spaß machen, sondern auch handfeste gesundheitliche Vorteile haben, zeigt sich immer wieder und ist auch wissenschaftlich belegt. Die Effekte von Livemusik gehen weit über den bloßen Moment hinaus. Menschen, die regelmäßig Konzerte besuchen, haben nicht nur weniger Stress, sondern profitieren auch über einen längeren Zeitraum davon. Besonders spannend ist, dass Rockmusik – auch wenn sie laut und rebellisch ist – eine unglaublich positive Wirkung auf das psychische Wohlbefinden haben kann. Jugendliche und junge Erwachsene, die sich mit Rock identifizieren, berichten nicht nur von weniger emotionalen Problemen, sondern finden in der Musik einen Weg, ihre Identität zu festigen und soziale Bindungen zu stärken. Rockmusik wird zum Ventil, um negative Emotionen wie Aggressionen oder depressive Verstimmungen abzubauen und durch die Kraft der Musik mentale Stabilität zu erlangen.[35]

Rockmusik spielt dadurch erwiesenermaßen eine positive Rolle im Leben von Jugendlichen und jungen Erwachsenen. Jugendliche, die eine Vorliebe für Rockmusik haben, erleben ein höheres Maß an mentalem Wohlbefinden und fühlen sich stärker mit ihren sozialen Gruppen verbunden. So dient Musik als Mittel, um Emotionen zu verarbeiten und sich intensiver mit der eigenen Identität auseinanderzusetzen. Gleichzeitig fördert sie emotionale Stabilität und stärkt soziale Bindungen.[36]

Ich war schon auf unzähligen Konzerten – von Underground-Punk-Gigs in kleinen Klubs bis hin zu riesigen Festivals, bei denen Bühne und Zuschauermenge fast von einem Horizont zum anderen reichten. Jedes Konzert hat seinen eigenen Vibe, seine eigene Magie und jeder Moment dort ist wie Freizeit für den Kopf. Es sind die Augenblicke, die dich wieder aufladen und manchmal auch die, die dir zeigen, wie wichtig es ist, sich einfach mal treiben zu lassen. Der Stapel alter Konzerttickets, den ich mittlerweile habe, erzählt Geschichten von Nächten, in denen der Alltag weit weg schien und ich zu mir selbst zurückfand.

Musik ist generell ein wichtiger Faktor, um das mentale Wohlbefinden zu steigern, das kann niemand leugnen – egal ob du sie selbst machst oder einfach nur hörst.

Das Schöne daran ist, dass diese Effekte nicht auf das Jugendalter beschränkt sind. Auch im Erwachsenenalter kann Rockmusik ein mächtiger Stimmungsaufheller sein. Sie hilft dir, dich von den täglichen Sorgen zu befreien, und gibt dir das Gefühl, Teil von etwas Größerem zu sein. Besonders in stressigen Phasen ist Musik ein unschätzbares Werkzeug, um den Kopf freizubekommen und emotionale Herausforderungen zu bewältigen. In diesem Sinne ist Rockmusik sowohl im Job als auch im Leben äußerst hilfreich und eine Wohltat für die Psyche.

Musik als Schub für deine Kreativität:

Nicht nur dein Kopf braucht manchmal eine Auszeit – auch deine Kreativität profitiert von Musik und ihren Effekten. Kreativität spielt eine zentrale Rolle, wenn du erfolgreich sein und es auch bleiben willst, egal in welcher Branche. Gleichzeitig gibt die Business-Welt aber kaum den benötigten Raum, um sie zu stärken. Zu viele Regeln engen jede Entscheidung ein.

Dann brauchst du in deiner Freizeit eine Möglichkeit, um aus dem starren Denken auszubrechen. Ein Musikinstrument hilft zum Beispiel ungemein, deinen Kopf zu befreien und gleichzeitig neue Energie zu tanken. Die besten Ideen kommen dann, wenn du dich ganz auf etwas anderes konzentrierst als den eigentlichen Sachverhalt. Gleichzeitig bietet die Musik so viele Möglichkeiten, dass der Kreativität keine Grenzen gesetzt sind.

Kreative Pausen sind also nicht nur eine nette Ablenkung, sondern sie sind absolut notwendig. Dabei geht es nicht um Perfektion. Es geht darum, dir selbst Raum zu geben, um einfach mal du zu sein, Dinge auszuprobieren, zu sehen, was gut klingt und was nicht – ohne die Erwartungen anderer zu berücksichtigen. Die Selbsterkenntnisse, die du in solchen Phasen gewinnst, lassen dich dann auch im Job besser dastehen. Unterstützt du deine Kreativität durch Musik, kommunizierst du klarer, denkst kreativer und hast die Energie, Herausforderungen leichter zu meistern.

Work-Life-Balance aktiv gestalten:

Natürlich geht es bei der ganzen Sache auch um die Balance. Arbeit und Privatleben müssen ausbalanciert sein. Diese magische Work-Life-Balance, von der alle reden, passiert nicht einfach so. Du musst aktiv an ihr arbeiten. Genauso wie du hart im Job arbeitest, solltest du bewusst daran arbeiten, Zeit für dich selbst zu schaffen. Freizeit und Leidenschaften sind nicht nur nett, sie sind entscheidend, um langfristig gesund und erfolgreich zu bleiben. Eine gute Work-Life-Balance bedeutet nicht, dass du weniger hart arbeitest. Sie bedeutet, dass du smarter arbeitest, weil du weißt, wie du deine Energie richtig einsetzt.

Körper und Geist in Einklang bringen:

Stress wirkt sich nicht nur auf deinen Kopf, sondern auch auf deinen gesamten Körper aus. Die körperlichen Auswirkungen von anhaltendem Stress sind nicht zu unterschätzen. Cortisol, ein Stresshormon, schadet deinem Körper, wenn es über längere Zeit erhöht ist. Es führt zu Bluthochdruck, Verspannungen und all den kleinen Beschwerden, die du im Job vielleicht schon als normal ansiehst. Aber das muss nicht sein. Dein Körper braucht genauso Entspannung wie dein Geist. Musik, Sport, kreative Aktivitäten – all das hilft, den Cortisolspiegel zu senken. Dein Blutdruck normalisiert sich, deine Muskeln entspannen und du fühlst dich wieder wohl in deiner Haut.

Es ist kein Zufall, dass viele erfolgreiche Menschen feste Hobbys haben, die nichts mit ihrem Job zu tun haben. Sie wissen, wie wichtig es ist, den Kopf freizubekommen und den Körper wieder in Balance zu bringen. Diese kleinen Fluchten aus dem Alltag helfen, den Akku aufzuladen, und sorgen dafür, dass du langfristig nicht nur besser arbeitest, sondern auch gesünder lebst. Es ist fast schon ironisch: Je mehr du dich um deine Freizeit kümmerst, desto besser läuft es im Job.

Du brauchst also keine Ausrede, um dir Zeit für deine Hobbys zu nehmen. Sie sind genauso wichtig wie jede geschäftliche Entscheidung, die du triffst. Denn was nützt dir der beste Plan, wenn dein Kopf nicht klar ist? Was nützt dir der härteste Arbeitseinsatz, wenn dein Körper am Ende streikt? Sich um seine mentale und physische Gesundheit zu kümmern, ist keine Schwäche. Es ist das Beste, was du für dich und dein Business tun kannst.

Eine Pause für den Kopf ist keine nette Option, sondern eine absolute Notwendigkeit. Du musst diesen Freiraum verteidigen, genauso wie du dich für deine geschäftlichen Ziele einsetzt. In einer Welt, die immer schneller und unübersichtlicher wird, ist der innere Punkrocker in dir vielleicht genau das, was du brauchst, um die Balance zu finden. Denk daran: Es geht nicht nur um das, was du für dein Business tust, sondern auch darum, was du für dich selbst tust. Über zwei Ecken profitiert nämlich auch dein Business davon.

Wenn der Druck also wieder zu groß wird, der Stress dich einholt und du das Gefühl hast, du erstickst im Alltag – dann schnapp dir deine Gitarre, dreh die Musik auf oder tu etwas anderes, das dich wirklich glücklich macht. Du wirst sehen, wie sich nicht nur dein Kopf, sondern auch deine Arbeit wieder in die richtige Richtung bewegt. Rebellisch sein, loslassen und den Kopf freimachen – das ist Punkrock für die Psyche und hilfreich fürs Business.

TEIL 7:
REBELLION UND INNOVATION

SPIESSIGE BRANCHEN AUF-MISCHEN

»›Revolution‹ stand auf unseren Fahnen ›Revolution‹ stand uns im Gesicht.«

Kopfüber in die Hölle (die ärzte)[37]

Es gibt Branchen, die wirken wie eingefroren. Alles läuft nach Schema F und alle Beteiligten stecken in ihrer undurchdringlichen Blase. Veränderung? Fehlanzeige. Aber genau hier liegt deine Chance. Wenn du den Mut hast, die Normen zu brechen, kannst du selbst solche Branchen revolutionieren.

Schau dir die Steuerberaterbranche an: Hier erwartet keiner Überraschungen. Deshalb gibt es hier so viele Möglichkeiten, etwas Neues zu wagen. In meiner Karriere habe ich erlebt, was passiert, wenn man etwas anders macht. Unsere Software war nicht nur eine technische Neuerung – sie hat der Branche einen Tritt in den Hintern verpasst. Während die anderen an veralteten Prozessen festhielten, haben wir sie digitalisiert und automatisiert. Der Effekt? Plötzlich wollte jeder dabei sein. Nicht weil wir die beste Software hatten, sondern weil wir den Mut hatten, etwas Neues zu wagen, und neue Wege aufwiesen.

Spießige Branchen sind die, die es am nötigsten haben, aufgerüttelt zu werden. Ein Paradebeispiel: die Personalbranche. Richard Branson, britischer Unternehmer und Gründer der Virgin Group, hat gezeigt, wie man hier neue Maßstäbe setzt. Er hat Mitarbeiter eingestellt, die nicht die besten Zeugnisse hatten, aber die richtige Einstellung mitbrachten. Er hat den Fokus weg von der reinen Qualifikation hin zu den Menschen selbst verschoben. Damit hat er nicht nur das Recruiting aufgemischt, sondern auch den Umgang mit Personal an sich revolutioniert.

Innovation bedeutet zu handeln, Risiken einzugehen und nicht auf das zu hören, was andere für richtig halten. Manchmal musst du einfach machen – und die Erwartungen anderer hinter dir lassen.

Es gibt so viele Branchen, denen es guttun würde, aufgemischt zu werden: Versicherungen, Banken, der gesamte Dienstleistungssektor. Sie alle wirken wie in Beton gegossen. Das ist aber nicht ihr Schicksal – es ist nur Bequemlichkeit. Wer die Energie hat, diese Mauern einzureißen und stattdessen Fenster einzubauen und mal zu schauen, wie es anderswo läuft, der hat eine riesige Chance auf unangetasteten Erfolg. In unserer Branche haben wir das mit einer kreativen Werbekampagne bewiesen. Anstatt einen weiteren langweiligen Spot zu drehen, haben wir die Sache wie einen Banküberfall inszeniert. Zuerst haben uns alle für verrückt erklärt. Doch plötzlich waren wir Gesprächsthema Nummer eins – weil wir anders waren und den Mut hatten, die Branche aufzubrechen.

ZMI-Banküberfall

Diese Art und Weise, anders zu denken, ist pure Punkrock-Attitüde. Wer die Mauern der starren Branchen einreißt, hat eine riesige Chance, sich zu beweisen und neue Maßstäbe zu setzen. Wer immer nur das tut, was alle tun, wird niemals etwas Neues erschaffen.

Das mag vielleicht nach einem riskanten Spiel klingen. Und ja, das ist es auch. Aber Punkrock und Innovation waren noch nie etwas für Sicherheitsfanatiker. Innovation entsteht, wenn du bereit bist, alles auf den Kopf zu stellen. Ideen allein reichen dabei allerdings nicht aus, wenn sie nicht umgesetzt werden. Du brauchst die Energie, sie durchzuziehen, und die Überzeugung, dass du das Richtige tust. Wer das macht, wird belohnt – mit Erfolg und vor allem mit einer unverwechselbaren Identität.

Spießige Branchen leben davon, dass alle dasselbe tun, doch genau da liegt ihre Schwäche. Nicht nur fehlt dann die Innovation, es sehen auch alle Beteiligten gleich aus. Niemand hebt sich vom anderen ab. Wer bereit ist, anders zu denken, wird in diesen starren Umgebungen schneller auffallen.

Die Herausforderung besteht darin, diese Branchen nicht nur aufzumischen, sondern dabei auch den richtigen Ton zu treffen. Ein Rebell ohne Ziel zerstört mehr, als er aufbaut. Du musst die richtigen Punkte treffen und die Veränderungen anstoßen, die wirklich zählen. Schaffst du das, hinterlässt du nicht nur Eindruck – du setzt neue positive Maßstäbe, an denen sich auch andere gern orientieren.

Die Frage ist nicht, ob du eine spießige Branche aufmischen kannst, die Frage ist, wann du damit anfängst. Warte nicht darauf, dass sich etwas von selbst bewegt. Schnapp dir die Gelegenheit und mach den ersten Schritt. Spießige Branchen haben es nötig, aufgerüttelt zu werden, und genau das ist deine Chance. Der Moment, in dem du die alten Regeln hinter dir lässt und deinen eigenen Weg gehst, wird der Moment sein, in dem du nicht nur auffällst, sondern einen echten Unterschied machst. Zögere nicht! Je früher du handelst, desto schneller wirst du sehen, wie sich die Branche um dich herum zum Besseren verändert.

REGELN BRECHEN

»**Tu was du willst**
Heißt das Gesetz
Bleib ganz ruhig
Und niemand wird verletzt.«

Die Firma (Böhse Onkelz)[38]

Spießige Branchen lassen sich nur aufmischen, wenn du bereit bist, Regeln zu brechen. Wer glaubt, dass er in den starren Strukturen bestehen und etwas bewegen kann, ohne etwas anders zu machen, wird schnell feststellen: Er verschwindet in der Masse. Du kannst mit Mut und Kreativität eingefahrene Branchen wachrütteln, aber das funktioniert nur, wenn du bereit bist, die Regeln, die dir im Weg stehen, zu hinterfragen und zu durchbrechen. Innovation entsteht nicht durch Anpassung, sondern durch Rebellion.

Wer sich stur an traditionellen Richtlinien orientiert, wird niemals das volle Potenzial ausschöpfen, das jedem von uns zur Verfügung steht. Punkrock hat mir gezeigt: Regeln sind dazu da, um gebrochen zu werden. Sie existieren nicht, um dich einzuschränken, sondern um dir eine Richtung zu geben, die du hinterfragen und neu interpretieren kannst.

Ein Erlebnis, das mir besonders im Kopf geblieben ist, war ein Punkrock-Konzert, das ich besuchte. Dort hieß es, wir sollten uns ruhig verhalten und brav auf unseren Plätzen sitzen bleiben. So zumindest die Meinung der hinter uns sitzenden Personen – total absurd! Viele hielten sich tatsächlich daran, ohne die Vorgabe zu hinterfragen. Aber ein Punkrock-Konzert lebt von Chaos, Energie und davon, dass sich niemand an Normen hält. Diese Einschränkung hat mir damals gezeigt, wie Regeln uns die Luft zum Atmen nehmen können und etwas ruinieren, das eigentlich so viel besser sein könnte. Unnötige Regeln, insbesondere solche, die jemand aufgestellt hat, der lediglich ein bisschen persönliches Machtgehabe ausleben wollte, entziehen dem Moment seinen eigentlichen Kern, seine Kraft und Freiheit. Ein Konzert, das von Regeln erstickt wird, verfehlt seinen Sinn – es wird langweilig, unbedeutend und bleibt, wenn überhaupt, im Mittelmaß stecken. Es ist nichts Besonderes mehr. Was habe ich also getan? Die Regel gebrochen, natürlich! Nichts hielt mich auf meinem Platz, stattdessen hatte ich nicht nur Spaß mit anderen Regelbrechern, sondern sogar mit der Band auf der Bühne! Am Ende hatten alle eine bessere Zeit, einfach nur, weil wir uns nicht einschüchtern und schon gar nicht einschränken ließen.

Genau deshalb war es so wichtig, diese Anweisung nicht zu befolgen und die Regeln zu brechen. Denn dadurch wurde aus dem Konzert wieder das, was es sein sollte: ein Ort, an dem man aus sich herausgeht, Grenzen sprengt und etwas Einzigartiges schafft, das in Erinnerung bleibt.

Im Business ist es dasselbe: Wer sich stur an veraltete Regeln hält, verliert den Raum für Kreativität und Innovation. Das Potenzial, wirklich etwas zu bewegen, wird im Keim erstickt. Wenn du nur das tust, was andere vorgeben, wirst du nie etwas Besonderes schaffen. Nur wer bereit ist, auszubrechen und die vorgegebenen Grenzen zu sprengen, kann den wahren Kern des Erfolgs finden – die Freiheit, Dinge auf seine eigene Art zu tun und damit wirklich Großes zu bewirken.

»Every business, like a painting, operates according to its own rules. There are many ways to run a successful company. What works once may never work again. What everyone tells you never to do may just work, once. There are no rules. You don't learn to walk by following rules. You learn by doing, and by falling over, and it's because you fall over that you learn to save yourself from falling over. It's the greatest thrill in the world and it runs away screaming at the first sight of bullet points.«

(Jedes Unternehmen funktioniert wie ein Gemälde nach seinen eigenen Regeln. Es gibt viele Möglichkeiten, ein erfolgreiches Unternehmen zu führen. Was einmal funktioniert, funktioniert vielleicht nie wieder. Wovon Ihnen jeder abrät,

funktioniert vielleicht nur ein einziges Mal. Es gibt keine Regeln. Man lernt nicht laufen, indem man Regeln befolgt. Man lernt es, indem man es tut und indem man hinfällt, und weil man hinfällt, lernt man, sich selbst vor dem Hinfallen zu retten. Das ist der größte Nervenkitzel der Welt, der beim ersten Anblick von Bullet Points schreiend davonläuft.)

– Richard Branson[39]

Was passiert, wenn du eine Regel brichst? Du fällst auf. Plötzlich wirst du nicht mehr als Teil der Masse wahrgenommen, sondern als jemand, der anders denkt – jemand, der den Mut hat, sich zu lösen. Genau in diesem Moment beginnt echte Innovation. Menschen sehen dich nicht mehr als einen von vielen, sondern als denjenigen, der neue Wege geht und bereit ist, das Risiko einzugehen, etwas anders zu machen. Dieser Moment, in dem du die Norm hinter dir lässt, öffnet dir Türen für neue Ideen, neue Möglichkeiten und neue Verbindungen. Innovation entsteht genau dort, wo du bereit bist, das Vertraute infrage zu stellen.

Im Business wirst du vor Entscheidungen stehen, bei denen du dich fragst: Sollte ich den sicheren Weg gehen? Sollte ich mich an die Regeln halten? Die Antwort lautet: nein, nicht immer. Manchmal musst du das Risiko eingehen. Du musst das System herausfordern und deinen eigenen Weg finden. Regeln zu brechen bedeutet nicht, alles zu ignorieren, sondern mutig genug zu sein, Altes infrage zu stellen, wenn es nicht mehr funktioniert oder dringend optimiert werden muss. Wer diesen Mut hat, wird belohnt – mit Erfolg, Sichtbarkeit und Respekt.

Dazu fällt mir der Fall einer Freundin in Kolumbien ein: Sie arbeitete als Qualitätsmanagerin in einem Molkereiunternehmen und ein enthusiastischer Kerl aus Bogotá wollte ihr Vakuumbeutel für Käse verkaufen. Leider erfüllte sein Produkt aber nicht die gesetzlichen Anforderungen für den Verkauf an das Unternehmen. Also beschlossen sie, dass sein Produkt auf dem Papier einfach von einem anderen Lieferanten stammen sollte, der die Anforderungen erfüllte. So wurde ihm in seinem Geschäft geholfen, er konnte seine zwei kleinen Töchter versorgen und von dem Tag an wurden sie Freunde. Heute ist der damalige Beutelverkäufer ein erfolgreicher Geschäftsmann und hat seiner Helferin vorgeschlagen, in eines seiner Unternehmen als Partnerin zu investieren. Er hat nie vergessen, dass sie damals die Regeln für ihn gebrochen hatte, um ihm zu helfen, als er nichts hatte.

Daran siehst du, dass es immer wichtig ist, zu entscheiden, wofür und für wen man die Regeln bricht und ob es der guten Sache dient oder nur dem eigenen Profit. Ein wenig Freundlichkeit, Hilfsbereitschaft und Ehrlichkeit kosten dich nichts, können für jemand anderen aber die Welt bedeuten. Für die Freundin aus Kolumbien ebnete ihr kleiner Regelbruch den Weg zu endlosen weiteren Möglichkeiten und lebenslangen Verbindungen zu Menschen, die dank ihrer Offenherzigkeit eine bessere Zukunft haben. Bedenke dabei natürlich auch immer, was auf dich im Worst Case zukommen kann und ob du die Konsequenzen handhaben kannst. Sei pragmatisch im Regelbrechen. Solange du dich auf dich selbst verlassen kannst und für deine Handlungen einstehst und die Verantwortung für sie übernimmst, steht dem Regelbruch nichts im Wege.

Dadurch bedeutet Regeln zu brechen nicht, ins Chaos zu stürzen. Im Gegenteil, es ist der Weg zu echter Freiheit. Viele Unternehmer machen den Fehler, sich rigide an alle Vorgaben zu halten, weil sie Angst haben, etwas falsch zu machen. Doch genau diese Angst blockiert Innovation. Du musst den Mut haben, Dinge anders zu tun, selbst wenn es bedeutet, dass du auf Widerstand stößt. Wie Blumentopf in einem ihrer Songs passend aussagt: »Fuck the system – wenigstens 'n bisschen.«[40]

Wenn du immer nur das tust, was andere von dir erwarten, wirst du niemals herausragen. Regeln sollten natürlich nicht einfach blind ignoriert werden, aber du musst erkennen, wann sie dich behindern und wann es Zeit ist, sie zu hinterfragen.

Was passiert, wenn du dich immer nur an die Regeln hältst? Du wirst zu einem der vielen Unternehmer, die brav ihre Arbeit machen, aber nie wirklich aus der Masse herausstechen. Das ist der Grund, warum so viele in der Geschäftswelt scheitern. Sie versuchen, sich den Regeln anzupassen, statt ihre eigenen zu setzen. Was wäre passiert, wenn wir unseren Banküberfall-Spot nicht gedreht hätten? Wir wären nur ein weiteres Softwareunternehmen gewesen, das niemand wirklich bemerkt hätte.

Regeln sind nichts anderes als Konventionen. Sie geben uns das Gefühl, dass alles seinen regulären Lauf nimmt, doch in Wahrheit schränken sie uns ein. Sie bieten keine Sicherheit – sie bieten Bequemlichkeit. Wer aber immer nur auf Bequemlichkeit setzt, wird nie wirklich Erfolg haben. Die besten Unternehmer sind die, die mutig genug sind, die Konventionen zu brechen, die sich nicht daran halten, was andere für »richtig« halten. Sie folgen ihrer eigenen Linie und setzen sich ihre Grenzen selbst.

Ein Punkrocker geht auf die Bühne, ohne darüber nachzudenken, dass er jeden Ton perfekt trifft. Er lebt den Moment, bricht alle Normen und macht, was ihm gefällt. Diejenigen, die Songs schreiben, erschaffen mit jedem Song etwas Neues – sie können gar nicht anders. Genau so solltest du im Business agieren. Du musst nicht perfekt sein, sondern neugierig, echt und mutig. Perfektion ist der Feind von Innovation. Wenn du dich immer an die Vorgaben hältst, verpasst du die Chance auf echten Erfolg.

Das Prinzip lautet: Regeln hinterfragen, statt sie blind zu befolgen. In meiner Karriere gab es immer wieder Momente, in denen ich mit den bestehenden Richtlinien unzufrieden war. Ob es darum ging, eine neue Niederlassung zu eröffnen oder ein internationales Projekt zu starten – es gab immer Hindernisse, die mich hätten stoppen können. Doch ich habe schnell gemerkt, dass viele dieser »Hindernisse« nur deshalb existierten, weil sie von Menschen geschaffen wurden, die es sich leicht machen wollten. Sie wollten Sicherheit und Stabilität – doch die sind nur Illusionen. Wirklicher Erfolg kommt von der Bereitschaft, Risiken einzugehen und neue Wege zu beschreiten.

Verlässt du die ausgetretenen Pfade, schreibst du deine eigene Erfolgsgeschichte – und das ist kein Selbstzweck. Wer bereit ist, die Komfortzone zu verlassen und Regeln infrage zu stellen, wenn sie im Weg stehen, schafft Raum für Wachstum, von dem alle profitieren.

AM RAND STEHEN UND MECKERN IST UNCOOL

»Immer nur zu meckern auf das blöde Scheißsystem, das ist schön bequem.«

Demokratie (our bass player hates this song) (die ärzte)[41]

Es gibt im Business und im Leben zwei Arten von Menschen: die, die handeln, und die, die nur am Rand stehen und meckern. Meckern ist leicht, aber es bringt dich keinen Schritt weiter. Die wirklich Erfolgreichen sind diejenigen, die aufs Spielfeld gehen, Verantwortung übernehmen und etwas bewegen. Am Rand zu stehen und über alles zu motzen, was nicht perfekt läuft, ist dagegen schlichtweg uncool.

Es ist erstaunlich, wie viele Menschen ständig und in einer Tour kritisieren, ohne auch nur an eine mögliche Lösung zu denken. Sie analysieren, bewerten und wissen immer genau, was schiefläuft, und vor allem, was andere falsch machen. Aber wenn es darum geht, selbst etwas zu tun? Dann wird es plötzlich still. Solche Kritik ist nicht konstruktiv und das größte Hindernis für Fortschritt – im Business und im Privatleben. Wer nur am Rand steht, in seiner Komfortzone, wo es sicher und bequem ist, und kritisiert, bewegt nichts.

In meiner Karriere habe ich unzählige Menschen getroffen, die bei jeder Gelegenheit sofort das Haar in der Suppe finden konnten. Sie kommentierten lautstark, warum etwas nicht funktioniert, warum es nicht klappen könnte, aber sie boten nie eine Alternative an. Kritisieren ist einfach, Handeln ist schwer. Wer meckert, riskiert nichts. Doch Veränderung entsteht nur, wenn du den Mut hast, ins Geschehen einzugreifen und Dinge selbst in die Hand zu nehmen.

Das beginnt damit, überhaupt erst einmal den Blick für das zu öffnen, was man stattdessen gern hätte. Anstatt nur das Negative anzuprangern, sollten Lösungen aufgezeigt werden. Wie könnten die Dinge besser laufen? Was muss sich auf welche Weise ändern? Welche Schritte sind dafür nötig? Von dort aus ist es dann nur noch eine Frage des Mutes, selbst die Initiative zu ergreifen und die Schritte auch zu gehen.

Ein anschauliches Beispiel hierfür ist die Taxibranche, als Fahrdienste wie Uber aufkamen: Viele Taxiunternehmen standen nur am Rand und beschwerten sich lautstark über die neuen Konkurrenten, inklusive meines Stammtaxifahrers. Sie protestierten, organisierten Streiks und setzten alles daran, Uber durch rechtliche Maßnahmen zu blockieren. Es wurden zahlreiche Argumente in den Raum geworfen: Uber sei unfair, unterlaufe bestehende Gesetze und gefährde die Existenz der traditionellen Taxifahrer. All diese Einwände mögen berechtigt sein, doch während die Taxibranche gegen die Veränderung wetterte, verpasste sie eine entscheidende Chance: sich selbst zu modernisieren.

Viele Taxiunternehmen verteidigten lange die alten Strukturen, ohne zu hinterfragen, was die Kunden wirklich wollten: schnellen, unkomplizierten und bezahlbaren Service. Während sich Uber weltweit als erste Wahl für Millionen etablierte, erkannten einige Taxiunternehmen die Notwendigkeit des Wandels. Sie begannen, eigene Apps zu entwickeln, digitale Zahlungsoptionen einzuführen und den Kundenservice zu verbessern. Statt die Konkurrenz zu verteufeln, setzten sie auf moderne Geschäftsmodelle und passten sich an.

Einige gingen sogar einen Schritt weiter und erwogen Kooperationen mit Mobilitätsdiensten. So kündigte Uber 2024 an, mit Taxiunternehmen bundesweit zusammenarbeiten zu wollen. Während der Bundesverband Taxi und Mietwagen e. V. dies kritisch sah, nutzten viele andere die Gelegenheit, ihre Serviceangebote zu modernisieren, ohne sich in der Debatte um Uber zu verlieren. Diese Unternehmen haben gezeigt: Veränderung passiert nur durch Handeln. Sie wuchsen, während andere weiterhin nur protestierten.[42]

Das Problem mit ständiger destruktiver Kritik ist, dass es so verdammt bequem ist, sie zu üben. Sie erfordert keine echte Anstrengung, keine Kreativität und vor allem keine Verantwortung. Solange du dich nur beschwerst, musst du nicht selbst aktiv werden. Und solange du nur aussprichst, was du siehst und schlecht findest, ohne mit Alternativen aufzuwarten, musst du noch nicht einmal die grauen Zellen anwerfen. Aber genau das ist der entscheidende Unterschied: Meckern gaukelt dir vor, du seist aktiv – doch in Wirklichkeit stehst du still. Du hast nichts riskiert, nichts erreicht und nichts geschaffen.

Punkrock hat mich gelehrt, dass du aktiv sein musst, wenn du etwas verändern willst. In der Punkrock-Szene gibt es keine Zuschauer, die nur am Rand stehen und kritisieren. Du bist entweder mitten im Geschehen oder du bist draußen. Wenn du Veränderungen willst, musst du bereit sein, die Verantwortung zu übernehmen und zu handeln.

Die Gefahr der passiven Kritik liegt darin, dass du dich in ihr verlierst, ohne wirklich voranzukommen. Wer sich ständig über das System oder andere Menschen beschwert und keine Lösungen bietet, blockiert sich selbst. Veränderung beginnt erst, wenn du aufhörst, nur zu reden, und stattdessen an Alternativen feilst und aktiv wirst.

VERÄNDERUNG DURCH TUN

»Ich weiger mich, das hinzunehmen, alle steh'n nur da
Dabei passieren so viele schlimme Dinge jeden Tag.«

Songs für Liam (Kraftklub)[43]

Du siehst also, dass Kritik allein dich nicht weiterbringt. Irgendwann musst du den Schritt wagen und handeln. Das Reden über Ideen ist der erste Schritt, aber Veränderung passiert erst, wenn du bereit bist, wirklich etwas zu tun.

Ideen sind nur so gut wie ihre Umsetzung.

Viele Menschen stecken in der Theorie fest. Sie reden über Projekte, haben Pläne und träumen von großen Veränderungen. Aber nur die wenigsten setzen ihre Ideen in die Tat um. Dabei ist das der entscheidende Moment: Wann hörst du auf zu planen und fängst an zu handeln? Die wirkliche Arbeit beginnt erst, wenn du den Mut hast, deine Ideen umzusetzen und den ersten Schritt zu machen.

Im Punkrock lernst du schnell, dass es nicht darum geht, alles perfekt vorzubereiten. Du kannst noch so viel üben, aber irgendwann musst du den Proberaum oder die heimische Garage verlassen und dich vor Publikum wagen. Du gehst auf die Bühne oder ins Tonstudio und legst los. Genauso ist es im Business. Es reicht nicht, eine großartige Vision zu haben und sie immer wieder durchzukauen. Du musst sie zum Leben erwecken. Viele Menschen warten auf den perfekten Moment, aber den gibt es nicht. Der einzig richtige Moment ist jetzt.

Veränderung voranzutreiben bedeutet, Risiken einzugehen und zu akzeptieren, dass es Fehler geben wird. Doch genau diese Fehler sind es, die dich weiterbringen. Sie zeigen dir, was funktioniert und was nicht. Wer nicht handelt, bleibt stehen und lernt nichts. Stillstand ist der größte Feind von Innovation.

Es gibt viele Beispiele für erfolgreiche Unternehmer, die ihre Ideen verwirklicht haben, indem sie schlichtweg mit etwas angefangen haben. Steve Jobs ist eines der bekanntesten Exemplare: Er war laut Isaacsons Biografie kein Coder und gründete Apple zusammen mit Steve Wozniak in einer Garage.[44] Hätte er darauf gewartet, dass alle Bedingungen perfekt sind oder dass er selbst zum Experten in allen Bereichen wird, wäre Apple heute nicht das, was es ist. Jobs hatte eine Vision, aber anstatt endlos darüber zu reden oder auf den richtigen Moment zu warten, begann er mit dem, was er hatte – und baute daraus ein Unternehmen auf, das die Welt verändert hat.

Jobs wusste, dass er nicht alles selbst können musste. Stattdessen umgab er sich mit den richtigen Leuten, wie Steve Wozniak, die seine Ideen technisch umsetzen konnten. Sein Talent lag darin, Visionen zu kommunizieren, Menschen zu begeistern und Risiken einzugehen. Er verstand, dass es nicht darum geht, jede einzelne Fähigkeit selbst zu beherrschen, sondern darum, die richtigen Ressourcen und Menschen zusammenzubringen, um Großes zu erreichen.

Seine Geschichte zeigt, dass du nicht warten musst, bis alle Bedingungen perfekt sind. Innovation entsteht, wenn du bereit bist, mit dem zu starten, was dir zur Verfügung steht, und den Mut hast, loszulegen – auch wenn es nur eine Garage und eine Idee gibt.

Erfolg kommt nicht durch Warten. Erfolg kommt durch Machen.

In meiner eigenen Laufbahn habe ich immer wieder erlebt, wie wichtig es ist, einfach damit anzufangen, etwas zu tun. Es reicht nicht, über die Probleme am Markt zu sprechen oder Ideen zu haben, wie man Dinge verbessern könnte. Am Ende zählt nur das, was du wirklich machst. Die Welt verändert sich nicht durch Gedanken, sondern durch Taten. Erst wenn du etwas ausprobierst, weißt du, ob es auch wirklich funktioniert. Davor ist alles Theorie.

Es gibt unzählige Unternehmer und Unternehmen, die an großartigen Ideen scheitern, weil sie diese nicht umsetzen. Sie haben alles perfekt geplant, haben jedes Risiko durchdacht, aber bleiben in der Theorie stecken, weil sie sich scheuen, den Schritt in die Handlung zu machen. Und während sie noch überlegen, gehen andere mit weniger perfektem Wissen los und überholen sie. Es ist nicht die beste Idee, die gewinnt, sondern die, die tatsächlich umgesetzt wird.

Selbst wenn dann etwas schiefgeht, ist das nicht das Ende, sondern ein weiterer Schritt auf dem Weg. Jeder Rückschlag zeigt dir, was du beim nächsten Mal anders machen kannst. In Wirklichkeit ist Scheitern der beste Lehrmeister, aber es ist nur möglich im aktiven Handeln. Du lernst nicht durch Reden, sondern durch Tun. Genau das unterscheidet die, die erfolgreich sind, von denen, die nur darüber nachdenken, was sie hätten tun können – bis es zu spät ist, weil ihre Idee bereits überholt ist, bevor sie umgesetzt wurde.

Die Welt bewegt sich nicht durch die Ideen, die wir im Kopf haben, sondern durch die Schritte, die wir tatsächlich gehen. Nur wer handelt, kann die Welt verändern. Veränderung passiert nicht von allein – du musst sie herbeiführen. Und das geht nur, wenn du deine Ideen in die Tat umsetzt und den Mut hast, ins Ungewisse zu springen.

KREATIVITÄT

»Ich glaube, dass die Welt sich noch mal ändern wird und dann Gut über Böse siegt.«

Wünsch Dir was (Die Toten Hosen)[45]

Kreativität ist der Antrieb hinter Innovation und Fortschritt. Egal ob in der Musik, im Business oder im Alltag – ohne neue Ansätze bleiben wir stehen. Kreativität heißt nicht nur, ständig neue Ideen zu haben, die es noch nie gab. Auch Bestehendes muss neu gedacht, Probleme unkonventionell gelöst und der Blick über den Tellerrand gewagt werden. Die wahre Stärke zeigt sich darin, das Vertraute neu zu betrachten und Möglichkeiten zu erkennen, die anderen verborgen bleiben.

Wir haben zum Beispiel einen kreativen Weg gefunden, um unsere Auszubildenden zu motivieren: Sie dürfen erst Playstation spielen, wenn sie ihre Aufgaben erledigt haben. Außerdem dürfen sie nach eigenen Vorstellungen Content für TikTok kreieren und dadurch ihre Kreativität ausleben. Das klingt vielleicht simpel, aber es hat die Arbeitsmoral unserer Azubis komplett verändert. Plötzlich wird aus einer lästigen Pflicht eine spannende Herausforderung. Diese Art der Motivation ist ein klassisches Beispiel dafür, wie innovative Ansätze im Alltag eines Unternehmens umgesetzt werden. Es sind die kleinen, spielerischen Ideen, die langfristig den Erfolg sichern.

Zusätzlich dazu haben wir den Deal-Buzzer eingeführt: Jedes Mal, wenn ein Projekt erfolgreich abgeschlossen wird, dürfen die Mitarbeiter den Buzzer drücken und ein individueller Song wird abgespielt. Das sorgt nicht nur für Feierlaune, sondern stärkt auch das Gemeinschaftsgefühl im Team. Mein persönlicher Song ist »Money Talks« von AC/DC. Dieser Song beschreibt, wie Geld Macht über Menschen gewinnt und deren Verhalten bestimmt, indem er Gier und Materialismus thematisiert. Für mich stellt er bei allem Erfolg und aller Freude darüber immer auch die emotionale Erinnerung an die Verantwortung dar, stets auf dem Boden zu bleiben. Dieses Ritual zeigt, wie viel Kraft in kreativen Ansätzen liegt, die von der Norm abweichen. Kreativität muss nicht immer in den großen, revolutionären Ideen stecken – es sind die einfachen Dinge, die eine starke Wirkung haben.

Im Business zählt die Motivation der Mitarbeiter genauso wie die Fähigkeit, neue Ansätze für die Verbesserung von Produkten und Prozessen zu entwickeln oder ungewöhnliche Marketingideen umzusetzen. Während der Coronapandemie, als viele Unternehmen stillstanden, haben wir weiterhin Wege gefunden, unsere Unternehmenskultur zu stärken. Der Deal-

Buzzer wurde in diesen schweren Zeiten eingeführt, um trotz Homeoffice und Isolation ein gemeinsames Erfolgserlebnis zu schaffen. Dieser Schritt war nicht nur unkonventionell, sondern auch notwendig, um die Motivation hochzuhalten.

Manchmal wird Kreativität jedoch missverstanden. Viele denken, sie sei nur für Künstler oder Designer wichtig. Dabei zeigt sie sich in jeder Situation. Es ist die Fähigkeit, flexibel zu bleiben, sich anzupassen und aus jeder Situation das Beste zu machen. Ein kreativer Kopf fragt nicht: »Was ist das Problem?«, sondern: »Wie können wir das lösen?« In der Geschäftswelt hat das nichts mit wilden Ideen oder utopischen Visionen zu tun, sondern mit kleinen, praktischen Lösungen, die in dem Moment den Unterschied zwischen »Business as usual« und Erfolg ausmachen.

Innovationen im Business lassen sich nicht erzwingen, aber sie können gefördert werden. Dabei kommt es bei Kreativität auf zwei Ebenen an. Zum einen die äußeren Umstände: Freiräume müssen geschaffen werden, in denen Mitarbeiter ohne Angst vor Fehlern experimentieren können. Viele Unternehmen engen ihre Mitarbeiter zu sehr ein und wollen jede Entscheidung kontrollieren. Wie ich bereits im Kapitel »Menschen befähigen, ihr Ding machen zu können« beschrieben habe, führt genau diese Kontrolle dazu, dass kreative Lösungen und Eigeninitiative im Keim erstickt werden. Dabei brauchen neue Ideen Raum, um sich zu entfalten. Ein offenes Umfeld, in dem frische Ansätze willkommen sind, ist die Grundlage für echten Fortschritt.

Zum anderen geht es aber auch um die innere Einstellung jedes Einzelnen: Frische Ideen basieren auf der Fähigkeit zur Improvisation. Manche können das besser, andere weniger gut, aber jeder kann an sich arbeiten und die eigene Denkweise beeinflussen. Menschen, die offen für neue Ansätze sind, sehen in jeder Herausforderung eine Gelegenheit. Sie konzentrieren sich nicht auf die Probleme, sondern auf deren Lösungen. Sie sehen über bestehende Grenzen hinweg, steigen aus ihrer Blase und sehen sich auch an, wie andere Bereiche vorgehen – der Punkrock zum Beispiel. Pure Inspiration.

Wer nicht offen für neue Ideen ist, bleibt stehen. Aber wer sein Unternehmen langfristig erfolgreich führen will, muss den Ideenreichtum seines Teams fördern und selbst bereit sein, jedem Mitarbeiter die Chance zu geben, ausgetretene Wege zu verlassen.

TEIL 8:
DER BUSINESS-REBELL

VERTRIEB UND DREI AKKORDE

»If I go there will be trouble
And if I stay it will be double.«

Should I Stay or Should I Go (The Clash)[46]

Mit der Rebellion im Herzen und dem Business im Kopf sehen wir uns noch ein paar weitere Bereiche deines Betriebs an, die der Punkrock erfolgreich aufmischen kann – allen voran den Vertrieb. Der ist nicht einfach nur ein Job, sondern der Antrieb eines jeden Business. Ohne ihn kommt nichts in Bewegung. Ohne Vertrieb bleibt selbst das beste Produkt ein ungekauftes Geheimnis. Der Vertrieb spült das Geld in die Kassen, das alle weiteren Prozesse am Laufen hält. Doch was viele nicht sehen: Guter Vertrieb ist wie Punkrock. Es geht nicht nur darum, etwas zu verkaufen. Es geht vielmehr darum, Menschen zu begeistern, sie zu packen und mitzunehmen. Vertrieb ist Rebellion, Leidenschaft und der Wille, die Dinge auf die eigene Art zu machen. Und genau das macht den Vertrieb so spannend – er ist der Punkrock des Business.

Vertrieb als Motor des Business:

Ohne Vertrieb läuft gar nichts, egal wie gut dein Produkt ist. Du kannst die innovativste Idee haben und das coolste Produkt auf dem Markt anbieten – wenn niemand davon erfährt, bleibt es unsichtbar, und wenn es niemand kauft, machst du keinen Umsatz. Sales und Marketing sind der Motor, der das Business antreibt, die Energie, die alles in Bewegung hält. Und genau hier finden Business und Punkrock zusammen.

Im Vertrieb verkaufst du nicht einfach nur ein Produkt: Du begeisterst Menschen. Du bringst sie dazu, sich auf etwas einzulassen, das sie vorher vielleicht gar nicht auf dem Schirm hatten. Getreu dem Titel von Martin Limbecks Buch »Nicht gekauft hat er schon«.[47] Limbeck hat eine große Klappe, vertritt aber zu 100 Prozent authentisch, wofür er steht. Er polarisiert, aber diejenigen, die ihn lieben, lernen viel über Vertrieb, haben zudem noch den größten Spaß und profitieren von seiner positiven Energie. Wie im Punkrock geht er seinen eigenen Weg und das solltest auch du tun, indem du deine Überzeugung lebst und andere ebenfalls davon überzeugst. Das bedeutet, dass Vertrieb weit mehr ist als nur Zahlen und Fakten. Was ihn ausmacht, ist deine Energie und Leidenschaft, die du auf dein Gegenüber überträgst. Du machst den Menschen bewusst, dass sie das brauchen, was du anbietest. Das schreibt auch Edgar K. Geffroy in seinem Bestseller »Das Einzige, was stört, ist der Kunde«.[48] Edgar ist mittlerweile ein guter Freund und Mentor meinerseits und sagte einmal, dass Leute ins Handeln kommen, wenn der »Kittel-Brenn-Faktor« maximal hoch ist – also gehandelt wird, wenn der Kittel brennt. Besser kann man es nicht ausdrücken.

Der Moment, in dem jemand von deinem Produkt oder deiner Idee überzeugt ist, weil du es ihm mit Begeisterung präsentiert hast, ist wie der Moment, in dem die Menge bei einem Konzert plötzlich aufspringt und sich von der Musik mitreißen lässt. Vertrieb ist keine sterile Transaktion – er ist Leidenschaft und Aufbruch in einem und der Moment, in dem du das Steuer übernimmst und die Richtung vorgibst.

Die Energie von Vertrieb und Punkrock:

Daran siehst du: Vertrieb und Punkrock teilen dieselbe Energie. Du gehst raus, beweist dich und gibst nicht auf, wenn dir mal eine Tür vor der Nase zugeschlagen wird. Absagen gehören dazu, manchmal wirst du nicht ernst genommen – aber wie im Punkrock lässt du dich nicht unterkriegen. Nicht jedem Fan gefällt jede Musikrichtung, aber es gibt genügend Menschen da draußen, die nur darauf warten, von dir zu erfahren. Mach also weiter und sei du selbst. Fällst du hin, stehst du wieder auf. Die Leute glauben an dich, wenn du an dich selbst glaubst, und spüren das sofort. Das gilt für sämtliche Branchen und Berufe: Ob du im Handwerk als Schreiner ein exklusives Möbelstück anfertigst, als Friseur und Hairstylist deinen Salon aufbaust, als Steuerberater oder Anwalt Verträge prüfst oder als Projektleiter große Baustellen leitest.

Das habe ich auch selbst miterlebt: Ich erinnere mich an ein paar Gigs, bei denen kaum jemand erschien. Klar, das war schade, aber das hat uns nicht gestoppt. Wir haben weitergespielt, lauter und wilder als je zuvor, und konnten die Menge begeistern. Lieber spielst du vor 100 eingefleischten Fans als vor 1.000 desinteressierten Zuhörern. Genau so musst du auch im Vertrieb vorgehen. Wenn einer absagt, gehst du zum Nächsten, du findest heraus, wer mit dir auf einer Wellenlänge liegt, und irgendwann erreichst du einen Punkt, an dem es plötzlich klickt, die Sache läuft und du bekannter und bekannter wirst.

Ich weiß noch, wie wir damals als Band unterwegs waren. Wir hatten keine großen Auftritte, aber das hat uns nicht gestört. Wir wollten auf die Bühne, wollten spielen, auch wenn uns niemand kannte. Also haben wir Flyer gedruckt, sie in der Stadt verteilt und behauptet, wir (EXIT) wären die nächste große Nummer, und außerdem gab es Freibier – das ist kein Witz, sondern war tatsächlich bei unseren Konzerten Tradition. Statt »Tradition« könnte man auch Bestechung auf kleinster Ebene sagen, aber es hat funktioniert. Klingt vielleicht überzogen, aber wir haben es geschafft, die Leute neugierig zu machen und anzulocken. Und genau darum gehts auch im Vertrieb: Mach die Menschen neugierig. Verbreite keine Lügen, aber zieh sie in deinen Bann. Anschließend begeistere sie, lass sie Teil von etwas Größerem werden. Wenn dann der Funke überspringt, hast du gewonnen oder du hast zumindest Spaß.

Punk: witzig bis hart

Drei Bands bei »atomic-night« – Nur 80 Zuhörer

Hammelburg (heg/vä). Die Explosivkraft der „atomic·night", inzwischen etabliertes Newcomer- und Punk-Concert im Jahresprogramm der Musikinitiative, verpuffte weitgehend: Nur rund 80 Zuhörer fanden den Weg in die „Eisdiele". Schuld daran war in erster Linie das zeitlich unglückliche Zusammentreffen mit dem Bad Brückenauer „Juzstock", das nicht wenige Fans in die Badestadt lockte.

»Exit«: Bald öfter zu hören

Drei Gruppen waren im Wettstreit um die Gunst des jungen Publikums angetreten. „Exit" von der einheimischen Musikinitiative war nach Meinung der befragten Zuhörer die „witzigste" Gruppe des Dreierpacks. Die im vorigen Jahr gegründete Formation wartet in nächster Zeit mit Konzerten im Rathaus-Keller und im Jugendzentrum Fuchsstadt auf.

»Kanaldeckel«: Gute Ansätze

Die kürzlich produzierte CD von „Kanaldeckel" aus dem oberpfälzischen Neumarkt, die nach Ostern erscheint, wird bei eingefleischten Hart-Punkern auf Wohlwollen stoßen. Das Resümee zum Live-Auftritt der Gully-Musiker: Gute Ansätze, die im üblichen – zu lauten – Durchschnitts-Punk steckenblieben. Überflüssig (wenn auch zum einschlägigen Image gehörend): Ein Kasten Bier auf der Bühne.

Ihre Visitenkarte gaben erstmals „U'llc", ein Quartett aus Bad Neustadt, ab. Die Gruppe, die dem etwas rockigeren Teil des Punks frönt, lebt musikalisch, wie auch ihre Vorgänger „Kanaldeckel", größtenteils von Eigenkompositionen.

Improvisation statt starrer Abläufe:

Vertrieb ist kein Job, bei dem du abspulst, was man dir vorher beigebracht hat. Dafür ist jede Situation im Vertrieb viel zu individuell. Vertrieb ist Improvisation. Du gehst auf Menschen zu, findest heraus, was sie wollen, und zeigst ihnen, dass du es liefern kannst. Nicht immer auf dem direkten Weg, sondern auch mal über Umwege. Das ist der Punkt, an dem Punkrock ins Spiel kommt: Es gibt keinen festen Plan. Du machst es so, wie es für alle Beteiligten am besten passt. Unkonventionell, rockig. Hauptsache, es funktioniert.

Ein Beispiel: Einst klingelte bei uns das Telefon und es stellte sich ein Interessent vor, der aufgrund einer Gesetzesänderung in seinem Unternehmen zügig eine Softwarelösung einführen musste. Nach einer Viertelstunde Check-up stellte sich heraus, dass es sich bei dem Unternehmen um meinen Lieblingsfußballverein aus München handelte!

Da blieb mir erst einmal die Spucke weg. Ich konnte es kaum fassen, so eine Chance zu bekommen! Wir vereinbarten einen Termin zur persönlichen Besprechung und nach dem Auflegen schrie ich durchs Büro: »Wir haben einen Termin beim FC Bayern!«

Ab diesem Moment gab es nichts anderes mehr als die Vorbereitung auf diesen Termin, der in zwei Wochen stattfinden sollte. Selbst meinen damaligen Kollegen – ausgerechnet aus Dortmund – bat ich trotz des gerade stattfindenden Meisterschaftskampfes um Hilfe, damit die Software, die Präsentation und alles Weitere perfekt funktionierten. Die Nacht vor dem Termin war mit wenig Schlaf bestückt, aber dafür mit einem Lampenfieber, das ich so schon lange nicht mehr erlebt hatte. Als der Tag kam, an dem wir laut meinem Kalender um 14:00 Uhr den Termin in der Säbener Straße hatten, machten meine Kollegin und ich uns gerade bereit loszufahren, da klingelte auf einmal mein Handy und der IT-Leiter war dran: »Wo bleiben Sie denn? Wir warten auf Sie.« Er hatte 13:00 Uhr im Kalender stehen.

»Na, geil ...«, dachte ich. »Den FC Bayern München zu versetzen, das schafft auch nicht jeder. Wenn es aber jetzt eh schon ruiniert ist, kann es nur noch besser werden.« Da ist man perfekt vorbereitet und alles geht vermeintlich den Bach runter, weil man die falsche Uhrzeit im Kalender stehen hat. Was sich aber dann zeigte, war anders: Der schlichte Akt, dazu zu stehen, dass man einen Fehler gemacht hat, und sich dafür zu entschuldigen, schafft eine menschliche Atmosphäre. Keiner ist perfekt und solche unvorhersehbaren Situationen sind eine Chance zu zeigen, dass man menschlich ist und Fehler macht.

Ob es der Spruch war, dass meine Uhr wohl auf Dortmunder Zeit eingestellt war, oder der Name Klopp im Software-Personalstamm, der die Situation auflockerte, kann ich nicht sagen. Fakt ist: Hast du es erst einmal verbockt, läuft alles Weitere wunderbar menschlich und ehrlich ab. Mein Gegenüber, ein ehemaliger Nationalspieler, forderte einen straffen Zeitplan zur Einführung, aber mit einem selbstsicheren Lächeln im Gesicht. »Wir sind ja ein Sportverein!« Er hatte durch unser Zuspätkommen etwas gut und forderte dies mit einer einfachen Geste ein. Der Deal ging reibungslos über die Bühne und wir gingen pünktlich zum ersten Januar in den Echtbetrieb. In diesem Fall passten die Werte aller Beteiligten übrigens super zusammen, sonst hätte der Deal so nicht funktioniert.

Vertrieb ist dadurch genauso wenig vorhersehbar wie ein Punkrock-Konzert. Es kann immer etwas schiefgehen, die Tonart ändert sich, du musst umdenken und kannst nie sicher sein, was als Nächstes passieren wird. Aber das ist der Reiz an der Sache. Du gehst raus und gibst alles. Wenn du am Ende auf der Bühne stehst und das Publikum jubelt, weißt du, es hat sich gelohnt.

Tägliche Herausforderung:

Genau das ist es, was den Vertrieb für mich so spannend macht: die ständige Herausforderung, die er mit sich bringt. Es gibt keinen Tag, der wie der andere ist. Jeder Tag ist neu, voller Überraschungen und unvorhersehbarer Wendungen. Du triffst immer wieder auf neue Menschen, neue Situationen, neue Umstände. Das erfordert ständige Anpassung. Vertrieb bedeutet, flexibel zu sein, spontan auf Situationen reagieren zu können und immer bereit zu sein, einen neuen Weg einzuschlagen.

Das ist wie bei einem Liveauftritt: Du kannst dich vorbereiten, du kannst proben, aber am Ende weißt du nie genau, was passieren wird. Vielleicht geht die Technik kaputt, vielleicht verlierst du eine Saite mitten im Set – aber du spielst weiter. Es zählt nicht, ob alles perfekt läuft, sondern ob du weitermachst, ob du es durchziehst, auch wenn nicht alles so läuft, wie es soll. Genau das macht den Unterschied zwischen Erfolg und Scheitern aus: nicht aufzugeben, sondern sich den Gegebenheiten anzupassen und trotzdem abzuliefern. Im Vertrieb gewinnst du nicht, weil alles immer nach Plan läuft, sondern weil du in der Lage bist, jede Situation zu meistern, wie sie kommt. Dadurch kann dir der Vertrieb einen ähnlichen Nervenkitzel bringen, wie auf der Bühne zu stehen und zu improvisieren.

Risiken und Rebellion:

Natürlich ist Vertrieb dadurch mit einer gewissen Portion Risiko verbunden. Du musst deine Grenzen kennen und den Mut haben, diese auch auszutesten. Ein Beispiel dafür: Mein Kompagnon schickte mich einst zu einer Installation, obwohl ich von Technik keine Ahnung hatte. Natürlich ging alles schief und am Ende hatte ich das nicht ganz günstige Terminal geschrottet. Nun könnten wir uns endlos darüber ärgern oder den Staub abklopfen und weitermachen. Statt miese Laune zu schieben, sahen wir den Zwischenfall als Lektion, denn dadurch wurde klar, wo meine Stärken liegen: nicht in der Technik oder Entwicklung. Genau das ist der Punkt: Wenn du auf Risiko spielst, erkennst du viel besser, welcher Weg der richtige für dich ist.

Wichtig ist lediglich, dass du immer weitermachst und nie aufgibst, egal was passiert. Vertrieb ist dein persönlicher Punkrock im Business. Du brichst die Regeln, gehst deinen Weg und lässt dich von Rückschlägen nicht aus der Bahn werfen. Es ist die Art von Rebellion, die dich nach vorn bringt – nicht durch Anpassung, sondern durch Authentizität und Überzeugungskraft. Das ist, was die besten Vertriebler und die besten Punkrocker gemeinsam haben: Sie tun alles, was sie tun, aus Überzeugung, ohne Wenn und Aber.

Mein früherer Chef und Vertriebsleiter Claus sagte einmal: »Die besten Vertriebler sind alles Schlamper!« Recht hatte er. Hier schließt sich der Kreis zum gelebten Unperfekten, der sich überall im Punkrock wiederfindet, hervorragend funktioniert und so viele Menschen begeistert.

Vertrieb als Lebensgefühl:

All das macht Vertrieb zu mehr als nur Verkaufen. Er ist Leidenschaft, Energie und Authentizität. Du musst ehrlich sein, denn die Leute spüren sofort, wenn du Begeisterung nur vortäuschst. Echtheit ist das, was die Leute überzeugt. Sie kaufen nicht dein Produkt, sie kaufen deine Haltung, dein Auftreten, deine Werte. Genau wie bei einem Punkrock-Konzert: Die Leute kommen nicht, weil jedes Lied genauso wie im Stream oder auf der Platte klingen soll. Sie kommen, weil sie die Energie und das Lebensgefühl der Band spüren wollen. Wegen der Ansagen dazwischen, den Botschaften, der Einstellung und der authentischen – wenn auch professionellen – Wertepräsentation des Punkrocks. Diese sind weltweit gleich und somit eine Sprache, die jeder versteht und vor allem fühlt.

Ehrlichkeit schlägt Perfektion.

In meiner Karriere als Vertriebler habe ich festgestellt, dass der Schlüssel nicht im perfekten Pitch liegt. Echte Verbindungen zu Menschen machen den Unterschied. Die besten Verkaufsgespräche entstehen aus ehrlichen Unterhaltungen, genau wie die besten Punkrock-Songs aus der Seele kommen und nicht aus einer vorgefertigten Formel. Menschen wollen sich verstanden fühlen. Sobald sie merken, dass du aufrichtig bist, öffnen sie sich. Genau dann passiert der Verkauf fast von selbst. Es ist der Moment, in dem du dich als Mensch zeigst und Vertrauen wächst.

Genau das ist Punkrock im Vertrieb. Du musst den Mut haben, eingestaubte Regeln zu brechen und echt zu sein. Kunden wollen keine Roboter, die ihnen eine Blaupause präsentieren. Sie wollen jemanden, der echt ist, der sich traut, Risiken einzugehen und zu seiner Überzeugung steht. Wenn du ihnen diese Authentizität zeigst, vertrauen sie dir und kaufen auch von dir.

FIRMENKULTUR UND ROCK

»Hundert Jahre Vertragslaufzeit Ich will immer auf Arbeit bleiben Ich sage ja, ich meine nein.«

Sklave (Kraftklub)[49]

Firmenkultur klingt für viele steif und formell. Sofort denkt man an Anzugträger, starre Hierarchien und bürokratische Abläufe. Doch das muss nicht sein! Wenn du dein eigenes Unternehmen aufbaust, entscheidest du selbst, wie die Kultur aussieht. Für mich ist die richtige Firmenkultur das Herzstück eines erfolgreichen Unternehmens. Sie bestimmt, wie Menschen miteinander arbeiten, welche Werte sie teilen und wie sie mit Herausforderungen umgehen. Das Ganze sollte sich anfühlen wie eine gut eingespielte Rockband.

Eine Band funktioniert nur dann, wenn das Zusammenspiel stimmt. Jeder hat seine Rolle und bringt seine eigene Energie ein, aber die Magie entsteht erst, wenn alle zusammen auf der Bühne stehen. Genauso sollte es in einer Firma laufen. Ein starker Einzelspieler bringt nichts, wenn er nicht mit dem Team harmoniert. Firmenkultur bedeutet, aufeinander zu achten und gemeinsam etwas Großes zu schaffen.

Was macht eine starke Firmenkultur aus? Allem voran ist das die Authentizität. Du musst deinen Leuten Raum geben, sie selbst sein zu dürfen, wie in Teil 4 im Kapitel »Menschen befähigen, ihr Ding machen zu können« angesprochen. Viele Unternehmen zwingen ihre Mitarbeiter dazu, sich anzupassen, und pressen sie in ein bestimmtes Schema. Das ist das Gegenteil von dem, was funktioniert. Du willst Leute, die leidenschaftlich dabei sind. Genau wie im Punkrock: echt sein und nicht nur so tun, als ob. Bei uns kann jeder so sein, wie er ist. Ob im Hoodie oder im T-Shirt – völlig egal. Wichtig ist, dass jeder Bock auf die Arbeit hat. Diese Freiheit, sich nicht verbiegen zu müssen, gibt den Leuten Selbstvertrauen und das Gefühl, wirklich Teil des Teams zu sein und nicht nur eine Zahl im Organigramm.

Davon profitiert dann auch dein Business. In jeder Band gibt es unterschiedliche Typen: die extrovertierten Sänger, die introvertierten Bassisten, die kreativen Gitarristen und die verlässlichen Drummer, die alles zusammenhalten. Genauso ist es in einer Firma. Kreative Köpfe mit Ideen ohne Ende sind genauso wichtig wie diejenigen, die diese Ideen in die Tat umsetzen, und die Verlässlichen, die Kaffee kochen. Die richtige Mischung und der Raum für jeden, seinen eigenen Stil einzubringen, machen euch stark.

Kreativität entsteht nicht in einem starren System. Die Freiheit, Dinge auszuprobieren, auch wenn sie nicht ins Konzept passen, führt oft zu den besten Ergebnissen. Wie in einem Proberaum: Man fängt an zu jammen und plötzlich entsteht etwas Magisches. Eine Unternehmensdynamik, die das zulässt, öffnet Türen zu neuen Ideen und Innovationen.

Eine gesunde Firmenkultur zeigt sich nicht in einer coolen Außendarstellung, sondern in Loyalität und Vertrauen im Inneren – Werte, die auch im Punkrock tief verwurzelt sind. In einer Band müssen sich alle aufeinander verlassen können. Wenn einer ausfällt oder Mist baut, stehen die anderen hinter ihm. Genau so sollte es in einer Firma sein. Wenn ein Mitarbeiter plötzlich ausfällt oder Schwierigkeiten hat, springt das Team ein.

Unser Vertriebsleiter musste zum Beispiel einmal vier Wochen pausieren, weil er familiäre Herausforderungen hatte. Klar hat uns das im ersten Moment negativ getroffen, aber das Team hat sein Fehlen locker aufgefangen. Diese Verlässlichkeit, dass jeder für den anderen einsteht, ist der Schlüssel für eine starke Firmenkultur. Jeder kümmert sich, wenn es darauf ankommt, nicht nur um seine eigenen Aufgaben, sondern auch um die der anderen.

Was eine Firmenkultur außerdem wirklich prägt, ist der Spaß an der Arbeit. Wenn die Leute gern zur Arbeit kommen, sich auf ihre Kollegen freuen und offen miteinander reden, entsteht eine Atmosphäre, die unbezahlbar ist. Wie bei einem Konzert: Jeder hat Spaß und gibt sein Bestes. Diese Stimmung überträgt sich direkt auf die Arbeit. Bei uns gibt es keine strengen Vorgaben, keinen unnötigen Druck. Wir rocken unseren Tag und unser Business, während jeder im Rahmen der Eigenverantwortlichkeit das Ziel im Auge behält und weiß, was zu tun ist.

Gerade dann, wenn die Hütte brennt und die PS auf die Straße gebracht werden müssen, funktioniert nach meinen Beobachtungen unsere Entwicklung besonders gut. Selbst diejenigen, die nicht laut sind und sich sonst nicht so in den Vordergrund rücken, sondern eher introvertiert und passiv sind, laufen in diesen Momenten zur Höchstform auf und liefern Ergebnisse. Wenn man sich diese Situationen genauer ansieht, sind es gerade diese Momente, in denen uns der innerste Wunsch, menschlich zu sein, zu helfen und eben nicht nur zu funktionieren, eint. Ob innerhalb eines Unternehmens, zwischen Kunden oder in zwischenmenschlichen Beziehungen ist dabei gleichbedeutend.

Ein greifbares Beispiel dafür ist unsere bereits erwähnte Firmenband. Was als Spaßprojekt für unser Sommerfest begann, hat sich weit darüber hinaus bewährt und den Zusammenhalt in der Firma enorm gestärkt. Die Energie, die dabei entsteht, gemeinsam Musik zu machen, ist einzigartig. Jeder bringt sich ein und gemeinsam haben wir sogar überlegt, einen eigenen Song aufzunehmen. Perfektion spielt dabei keine Rolle. Im Vordergrund steht, zusammen etwas zu erschaffen und dabei eine gute Zeit zu haben. Das ist Punkrock im Business vom Feinsten.

Firmenkultur und Punkrock haben mehr gemeinsam, als es auf den ersten Blick vielleicht den Anschein hat. Authentizität, Zusammenhalt, Loyalität und der Spaß am gemeinsamen Erschaffen – bring diese Werte in deine Firma und du wirst merken, wie auch deine Prozesse und dein Erfolg in Schwung kommen. Das Team wächst enger zusammen, die Energie steigt und die Leute werden kreativer. Eine Firmenkultur, die rockt, bildet das Fundament für ein erfolgreiches Unternehmen.

EIN BUSINESS-REBELL SEIN

**»Wie ein Quadrat in einem Kreis
Eck' ich immer wieder an
Obwohl ich doch schon lange weiß
Dass ich niemals ändern kann
Was sich niemals ändern wird.«**

Quadrat im Kreis (WIZO)[50]

Viele der Aspekte und Eigenschaften eines Business-Rebellen habe ich in vorangegangenen Kapiteln bereits besprochen. Als Mensch, insbesondere als Unternehmer oder Führungskraft, muss dir immer bewusst sein, dass du zu jeder Zeit auf Mitarbeiter, Kollegen oder Kunden einwirkst – sowohl im Positiven als auch im Negativen. Deshalb möchte ich hier noch einmal besonders hervorstellen, dass aus der Sicht des Bewertenden heraus die Wahrnehmung der Grenzen unterschiedlich ausfallen. Genau dieses Spiel mit den gesellschaftlichen Normen macht dich aus. Regeln zu brechen gehört dabei immer wieder zu den Tätigkeiten, die dir neue Wege eröffnen, egal in welcher Branche und egal ob es um Vertriebsabläufe geht oder den Firmen-Dresscode. Allerdings meine ich damit nicht, dass du absichtlich jede Regel brichst und auf Konfrontationskurs gehst, nur um Aufsehen zu erregen und weil du es eben kannst. Ein echter Rebell im Business sieht schlichtweg, was funktioniert und was nicht. Er erkennt, wenn alte Strukturen nicht mehr funktionieren, und hat den Mut, Dinge anders zu machen – auch wenn alle anderen ihm sagen, dass es der falsche Weg sei. Du hinterfragst, was als »normal« gilt, und findest deine eigenen Lösungen. Nicht aus Trotz, sondern weil du überzeugt davon bist, dass nur durch Veränderung wirklicher Fortschritt entsteht.

Ein Business-Rebell lässt sich nicht von Problemen aufhalten. Du fragst nicht »Warum geht das nicht?«, sondern »Wie kann ich es möglich machen?«. Diese Haltung zieht sich durch alle Bereiche des Business. Du siehst überall Chancen, wo andere Schwierigkeiten sehen, und suchst nicht nach Entschuldigungen und Gründen, warum etwas scheitern könnte. Stattdessen packst du die Dinge an, veränderst sie und lässt dich nicht von festgefahrenen Strukturen oder dem Status quo aufhalten.

Ein Business-Rebell schafft Lösungen, wo andere nur Probleme sehen.

Die besten Business-Rebellen sind diejenigen, die es wagen, alte Regeln über Bord zu werfen und neue Spielregeln zu schaffen. Sie definieren ihre Branche neu durch kleine, aber mutige Schritte. Unternehmen, die ihre Hierarchien abschaffen, neue Arbeitszeitmodelle einführen oder den Umgang mit Kunden völlig neu gestalten, sind Paradebeispiele. Du brichst nicht nur Regeln, sondern veränderst etwas, um mehr Freiheit und Kreativität zu kreieren. Das bedeutet, gegen den Strom zu schwimmen und den sicheren Weg zu verlassen, und erfordert Mut und die Bereitschaft, Kritik oder Ablehnung zu ertragen. Viele Menschen bleiben lieber im sicheren Fahrwasser, weil sie Angst haben, Fehler zu machen oder anderen sauer aufzustoßen. Niemand wird gern schräg angeschaut, aber wer nicht bereit ist, auch mal zu scheitern oder andere vor den Kopf zu stoßen, wird nie etwas wirklich Großes erreichen. Ein treffendes chinesisches Sprichwort dazu: »Wenn der Wind der Veränderung weht, bauen manche Menschen Mauern und andere Windmühlen.«

Johnny Rotten, der Frontmann der britischen Band Sex Pistols, ist für mich das beste Beispiel dafür, wie man ein System von innen heraus zerlegen kann. Er hat nie nach den klassischen Regeln gespielt – nicht im Leben und schon gar nicht im Business. In den 1970er-Jahren war die Musikindustrie wie eine gut geölte Maschine, die genau vorgab, wie Bands auszusehen und zu klingen hatten. Doch die Sex Pistols haben alles über den Haufen geworfen. Mit ihrer »No Future«-Attitüde haben sie der Branche und ihren verkrusteten Strukturen den Mittelfinger gezeigt. Ihr Sound, ihr Stil, ihre Haltung – alles war eine direkte Provokation. Aber genau diese Ablehnung der Regeln hat etwas völlig Neues geschaffen: ein ganzes Genre und eine Bewegung, die heute noch nachwirken. Die Sex Pistols haben bewiesen, dass echter Einfluss nicht dadurch entsteht, dass man sich anpasst, sondern dass man etwas Eigenes macht, auch wenn es am Anfang chaotisch wirkt und vielen Leuten gegen den Strich geht.

Was die Sex Pistols ausmachte, geht über die reine Musik hinaus. Guter Punkrock hat eine Message, hat etwas zu sagen. Auch ein echter Business-Rebell steht für etwas Größeres. Du vertrittst deine Werte, auch wenn das bedeutet, unpopuläre Entscheidungen zu treffen. Vielleicht lehnst du einen Auftrag ab, der nicht zu deinen Überzeugungen passt, oder du konzentrierst dich auf etwas, das wichtig ist, auch wenn es im ersten Moment keinen Gewinn einbringt. Rebellion im Business bedeutet, Integrität zu haben und sich nicht von kurzfristigen Effekten blenden zu lassen.

Ein Business-Rebell weiß, dass es keine Blaupause für Erfolg gibt. Warum nicht etwas ausprobieren, das völlig unkonventionell ist? Einmal hatten wir die Idee, bei einer Produktpräsentation auf klassische PowerPoint-Folien zu verzichten und stattdessen eine Live-Performance vorzuführen. Die Kunden staunten nicht schlecht und die Idee hat uns Möglichkeiten geschaffen, von denen wir vorher nicht mal geträumt hatten.

Was einen Rebellen auszeichnet, ist, dass er nicht einfach nur gegen alles ist, sondern für etwas Größeres.

Teste neue Ideen, auch wenn sie unbequem aussehen, und bewahre dir die Werte, die dir wichtig sind. Leb dein Rebellentum, setz Zeichen, nicht nur für den eigenen Erfolg, sondern auch für die Art und Weise, wie Arbeit und Zusammenarbeit in Zukunft aussehen könnten.

TEIL 9:
ENERGIE AUF DIE BÜHNE DES LEBENS BRINGEN

DEINE ENERGIE AUF DIE BÜHNE BRINGEN

**»Just like a stray animal
I keep feeding scraps
I give it my energy
And it keeps on coming back.«**

You First (Paramore)[51]

Punkrocker machen keine halben Sachen und du solltest das auch nicht tun. Du gehst auf die Bühne und gibst alles. Jeder im Publikum und jeder, der mit dir zu tun hat, spürt sofort, ob du wirklich dabei bist oder nur so tust als ob. Diese rohe Ehrlichkeit und direkte Energie machen den Unterschied zwischen einem lahmen Gig und einer Show, die sich in die Köpfe brennt.

Stell dir vor, du bist auf einem Konzert und der Frontmann wirkt müde, als hätte er keinen Bock – das Publikum würde ihm sofort den Rücken zukehren. Aber wenn er sich reinhängt, springt der Funke über und die Halle explodiert vor Energie. Genau diese Intensität und Leidenschaft braucht es auch im Business. Technik und Zahlen machen nicht den Erfolg aus – es ist der Funke, der überspringen muss. Wenn du deine Energie auf die Bühne des Lebens bringst, merken die Leute sofort, dass hier etwas Besonderes passiert. Sie schenken dir ihre Aufmerksamkeit und im besten Fall entzündet dein Funke auch in ihnen ein Feuer, das für deine Sache brennt.

Im Business stehst du ständig auf der Bühne. Dein Publikum besteht aus Kunden, Mitarbeitern, Geschäftspartnern, Zulieferern und vielen mehr. Sie alle erwarten, dass du ablieferst. Es zählt nicht nur, was du sagst oder präsentierst, sondern wie du das tust, also die Energie, die du reinsteckst. Du musst für deine Sache brennen und das auch vermitteln. Niemand will mit jemandem arbeiten, der nur halbherzig dabei ist. Genauso wie bei einem Konzert, wo das Publikum merkt, wenn der Funke fehlt, erkennen auch Kunden und Mitarbeiter sofort, ob du mit echter Leidenschaft hinter dem stehst, was du sagst.

Eine persönliche Geschichte dazu: 2009 stand ich bei einem Konzert der Toten Hosen in der Münchner Olympiahalle. Die Show war elektrisierend, aber ich spürte, dass ich etwas machen musste, das über den normalen Rahmen hinausging. Da standen wir, die Musik dröhnte und plötzlich überkam mich diese Welle von Adrenalin. Die Hosen waren mittendrin, das Publikum tobte und ich dachte mir: »Jetzt oder nie.« Ich schaute zu Kleppo, meinem Kumpel, und sagte: »Ich spring' jetzt runter, direkt auf die Bühne.« Kleppo, der mich gut kennt, grinste nur und sagte: »Mach es nicht, aber wenn du es machst, Daniel, dann bist du unsterblich.« Das war der Moment. Ohne weiter zu überlegen, sprang ich von Block R2, Reihe 5, Platz 1 – drei Meter in die Tiefe, direkt auf die Bühne. Meine Beine fühlten sich an wie Wackelpudding. Zugegebenermaßen lief ich am nächsten Tag wie eine Ballerina, so weh taten mir die Fersen. Aber es war mir völlig egal. In diesem Moment hatte ich wortwörtlich meine ganze Energie auf die Bühne gebracht.

Campino, der Frontmann der Hosen, drehte sich zu mir um und war kurz überrascht: »Du hast mich erschreckt, Junge!« Dann fragte er ins Mikrofon: »Mit wem bist du hier?« Ich brüllte: »Schwärzelbach!«, und Campino rief zurück: »Hallo, Schwärzelbach!« Die Menge tobte. Doch es ging weiter: »Wie gut bist du im Stagediving?« Ich wusste, jetzt gibt es kein Zurück mehr. »Pass auf dich auf! Aber mit Haltung und nicht wie so 'ne Wurst jetzt, ja!«, warnte er mich lachend. Der Druck war da und alle Augen waren auf mich gerichtet. Zugegeben, mein Stagediving ins Publikum war alles andere als elegant, aber ich wagte den Sprung ins Dunkel. »Schwärzelbach, ihr müsst besser trainieren!«, rief mir Campino lachend hinterher. »Wenn jemand auf die Bühne kommt, muss das doch auch ein sexy Sprung sein und nicht so'n Kartoffelsackscheiß hier!« Die Halle lachte, während ich in der Menge versank.

Dieser Moment hat mich geprägt – nicht nur wegen des Adrenalins und der Energie, die durch die Halle schoss. Es war diese pure, rohe Ehrlichkeit. Kein Versteckspiel, keine Show – einfach ich, mitten in der Action, mit all meinen Fehlern und all meiner Leidenschaft. Genau dieses Erlebnis habe ich in unser Business übertragen. So wie ich damals den Sprung wagte, riskiere ich heute im Job alles, wenn es nötig ist – sei es durch unkonventionelle Entscheidungen oder das Brechen von Regeln. Du musst raus aus der Komfortzone, um wirklich etwas zu bewegen.

Doch was ich an diesem Abend ebenfalls gelernt habe, ist mehr als das: Es ist nicht immer der perfekte Sprung oder die exakte Ausführung, die zählt. Es ist der Mut, es überhaupt zu wagen, der die Menschen inspiriert. Nach dem Konzert sprachen mich immer wieder Leute auf meinen Sprung an, allesamt wohlgesinnt. Klar, es war nicht der eleganteste Auftritt, aber jeder wusste, dass ich alles gegeben hatte, und gratulierte mir dazu. Perfektion ist nicht das Ziel. Lass die Menschen um dich herum – ob Mitarbeiter, Kunden oder Partner – spüren, dass du wirklich mit voller Energie und Leidenschaft dabei bist. Lass den Funken überspringen und zeig mit deinem Einsatz, dass du es ernst meinst.

Ein wichtiger Punkt, um deine Energie auf die Bühne zu bringen: die Bereitschaft, auch dann abzuliefern, wenn es schwer wird. Ein echter Punkrocker geht auf die Bühne, auch wenn er müde, übernächtigt oder verkatert ist oder schlichtweg keinen Bock hat. Im Business bedeutet das, auch in den schwierigen Momenten voll präsent zu sein. Es gibt Tage, an denen es nicht einfach ist weiterzumachen – das ist normal. Aber genau in diesen Momenten solltest du dein Bestes geben. Jeder kann gute Leistung erbringen, wenn das Leben ruhig und einfach verläuft. Im Sturm zeigt sich, welche Mannschaft das Zeug hat, durchzuhalten, und wer stattdessen untergeht.

Die Menschen erinnern sich nicht an die leichten Tage, sondern daran, wie es läuft, wenn es hart wird.

Energie bedeutet auch, sie richtig einzusetzen. Du musst wissen, wann es Zeit ist, sich aufzuladen, und wann du alles geben musst. Manchmal ist es nicht der laute Frontmann, der die größte Wirkung erzielt. Oft reicht ein leiser Moment, um den Unterschied zu machen. Ein Gitarrist muss nicht immer wild über die Bühne springen, um das Publikum zu begeistern – im richtigen Moment den perfekten Ton zu treffen, ist wirkungsvoller. Auch im Berufsleben kann eine gut platzierte, ruhige Ansage mehr Eindruck hinterlassen als der lauteste Auftritt.

Um diese Balance zu halten, brauchst du Selbstbewusstsein. Du musst wissen, wo deine Stärken liegen und wie du sie einsetzt. Genau wie jede Punkrock-Band ihren eigenen Sound entwickelt, hat auch jede Führungspersönlichkeit ihren eigenen Stil. Es gibt keine festen Regeln dafür, wie du führen sollst. Was zählt, ist, dass du dich dabei wohlfühlst und authentisch bist. Ob du laut oder leise, extrovertiert oder zurückhaltend agierst, spielt keine Rolle, solange du echt bleibst.

Eine richtig gute Punkrock-Show endet nie, ohne dass jeder Beteiligte sich komplett ausgepowert hat. Der Schweiß tropft, das Publikum schreit und du weißt, dass du alles gegeben hast. Dieses Gefühl, dass du deine ganze Energie auf die Bühne gebracht hast, ist ungemein erfüllend. Dasselbe Gefühl musst du auch im Business erzeugen. Du hinterlässt einen bleibenden Eindruck, wenn dein Team, deine Kunden und Geschäftspartner spüren, dass du aus voller Überzeugung heraus handelst und dass du mit Leidenschaft und Ehrlichkeit agierst.

Mach keine halben Sachen. Wenn es um das Business geht, dann gib alles! Menschen, die dich begleiten, wollen echte Energie sehen. Sie wollen spüren, dass du brennst – für deine Arbeit, für deine Ziele und für deine Überzeugungen.

FEHLGELEITETE ENERGIE

»Es ist meine Schuld, du kannst nichts dafür Ich bin die Hoffnung und du stirbst mit mir.«

Ich bin die Sehnsucht in dir (Die Toten Hosen)[52]

Energie ist eine der wichtigsten Ressourcen, die du hast. Wenn du sie gezielt einsetzt, wirst du im Business erfolgreich sein. Dafür muss sie in die richtige Richtung fließen, sonst verpufft sie. Fehlgeleitete Energie ist wie ein Motor, der Vollgas gibt, während das Fahrzeug im Leerlauf steht – viel Lärm, hoher Verbrauch, aber kein Fortschritt. Genau das passiert, wenn du oder dein Team Kraft in die falschen Projekte, Prozesse oder Ziele steckt.

Ein typisches Zeichen von fehlgeleiteter Energie ist, wenn alle hart arbeiten, die Ergebnisse aber ausbleiben. Die Anstrengung wird vielleicht sogar verdoppelt, aber am Ende sieht man keinen Fortschritt. Das führt nicht nur zu Frustration, sondern kann die gesamte Dynamik eines Teams ins Wanken bringen. Der Grund dafür ist nicht mangelnder Einsatz, sondern eine fehlende Ausrichtung. Die Energie fließt in Aktivitäten, die keinen wirklichen Mehrwert bringen.

Es gibt viele Ursachen, die zu fehlgeleiteter Energie führen. Ein häufiger Grund ist mangelnde Klarheit. Wenn die Ziele nicht klar genug definiert sind oder wenn sie ständig wechseln, verteilt sich die Energie auf zu viele Baustellen. Es wird an verschiedenen Fronten gearbeitet, doch nichts wird richtig abgeschlossen. Als Führungskraft ist es deine Aufgabe, für Klarheit zu sorgen. Du musst sicherstellen, dass jeder im Team genau weiß, worauf es ankommt und dass die Prioritäten für alle transparent sind. Ohne klare Ziele verläuft sich selbst die stärkste Energie in Nebensächlichkeiten.

Derartige fehlgeleitete Energie entsteht demnach vor allem durch Missverständnisse oder unklare Kommunikation. Wenn dein Team nicht versteht, warum es bestimmte Aufgaben erledigen soll oder wie diese zur Gesamtstrategie passen, kann es schnell passieren, dass die Arbeit in die falsche Richtung läuft. Hier ist es deine Aufgabe, den Überblick zu behalten und dafür zu sorgen, dass alle wissen, warum sie das tun, was sie tun. Ohne diesen Zusammenhang fehlt der Antrieb und die Energie wird in falsche Bahnen gelenkt.

Selbiges passiert, wenn der Fokus verloren geht. In der Hektik des Alltags rutschen dann wichtige Aufgaben in den Hintergrund, während sich alle auf dringendere, aber nicht wirklich relevante Unterfangen stürzen. Das passiert, wenn du ständig im »Feuerwehrmodus« arbeitest, also immer nur auf das reagierst, was gerade brennt, anstatt strategisch und präventiv vorzugehen. Die Energie wird dann in kurzfristige Lösungen gesteckt, anstatt in langfristige Ziele. Das Ergebnis: Du und dein Team arbeiten hart, aber die großen Fortschritte bleiben aus.

Ähnlich sieht es aus, wenn falsche Prioritäten vorliegen. Auch die können dazu führen, dass Energie verpufft. Vielleicht hältst du an Projekten fest, die sich als Sackgassen herausgestellt haben, einfach weil schon so viel investiert wurde. Der sogenannte »Sunk-cost-fallacy-Effekt«, auch bekannt als »Too-much-invested-to-quit-Syndrom« oder »Eskalierendes Commitment«, kann dich genau in diese Falle locken: Es ist der Denkfehler, weiter an etwas festzuhalten, nur weil bereits viel investiert wurde. Es fühlt sich an, als könntest du nicht aufhören, weil du schon zu tief drinsteckst, doch das ist ein Trugschluss. Wenn du merkst, dass ein Weg nicht funktioniert, musst du den Mut haben, ihn zu verlassen und die Energie auf etwas Neues zu lenken. Nur so vermeidest du, weiter Energie in ein Projekt zu pumpen, das keine Zukunft hat.

Wer A sagt, muss nicht auch B sagen. Er kann auch einsehen, dass A falsch war.

Ein weiterer Bereich, in dem Energie fehlgeleitet wird, ist Perfektionismus. Natürlich will jeder gute Arbeit abliefern, aber Perfektion kann zur Falle werden. Es gibt Projekte, die nie fertig werden, weil immer noch ein Detail verbessert werden soll. Am Ende wird unglaublich viel Energie auf minimale Verbesserungen verwendet, während das große Ganze auf der Strecke bleibt. Perfektion ist nicht das Ziel – Fortschritte zu erzielen, ist wichtiger. Der Spruch »better done than perfect« trifft es auf den Punkt: Manchmal ist es wichtiger, etwas einfach zu erledigen und abzuhaken, anstatt es immer weiter perfektionieren zu wollen.

Wann immer falsche Prioritäten oder ein Übermaß an Perfektionismus vorliegen, ist die Folge ein Übermaß an Arbeit. Dann führt zu viel Einsatz dazu, dass sich die Energie einfach verläuft. Es gibt einen wichtigen Unterschied zwischen harter Arbeit und sinnvoller Arbeit. Nur weil du 12 Stunden am Tag arbeitest, heißt das nicht, dass du produktiv bist. Dann besteht die Gefahr, dass du dich überforderst und dass sich die Energie zerstreut und auf zu viele Dinge gleichzeitig verteilt wird. Am Ende des Tages bleibt dann der Fortschritt auf der Strecke, weil du versuchst, alles auf einmal zu erledigen, aber nichts richtig voranbringst.

Fehlgeleitete Energie ist nicht nur ein Problem für Einzelpersonen, sondern kann ein ganzes Team oder sogar eine komplette Firma lahmlegen. Es führt dazu, dass sich Mitarbeiter erschöpfen, Projekte ins Stocken geraten und die Moral sinkt. Daher ist es entscheidend, immer wieder innezuhalten und zu reflektieren: Läuft die Energie in die richtige Richtung? Werden die wichtigsten Ziele verfolgt? Gibt es Bereiche, in denen die Anstrengung im Nichts verpufft?

Das bedeutet, dass du regelmäßig überprüfen musst, ob du und dein Team auf dem richtigen Weg seid. Energie ist eine limitierte Ressource – sie muss gezielt eingesetzt werden, um Ergebnisse zu erzielen. Wenn etwas nicht vorankommt, solltest du nicht einfach mehr Energie hineinstecken, sondern herausfinden, ob sie an der richtigen Stelle landet oder irgendwo versickert.

Vergleich das mit einem Instrument: Du musst es richtig stimmen, damit es den gewünschten Klang erzeugt. Wenn es falsch klingt, hilft es nicht, einfach härter darauf zu schlagen oder lauter zu spielen. Du musst an den Stellschrauben drehen.

Diese Stellschrauben sind vor allem Klarheit, Fokus und die Bereitschaft, umzudenken. Sie sind entscheidend, um die Energie deines Teams in die richtigen Bahnen zu lenken. Fehler passieren und manchmal geht Energie verloren, aber die wahre Kunst besteht darin, dies frühzeitig zu erkennen und gegenzusteuern, bevor es zu spät ist. So stellst du sicher, dass die Energie deines Teams nicht verschwendet wird, sondern die Ziele erreicht, die wirklich wichtig sind.

DIE DESTRUKTIVE ENERGIE DER KLIMAKLEBER

»Und nein ich war nie Anti-Alles ich war immer Anti-Ihr.«

Schüsse in die Luft (Kraftklub)[53]

Beim Thema Energie kommt mir eine Gruppe in den Sinn, deren Handlungen einige interessante Fragen aufwerfen: die sogenannte Letzte Generation und die mit ihr verbundenen Klimakleber. Sie sind längst zum Symbol für radikale Klimaproteste geworden. Ihre Aktionen, bei denen sie sich auf Straßen festklebten und den Verkehr blockierten, sorgten für heftige Debatten. Viele Menschen reagierten mit Unverständnis oder Wut auf die Proteste, vor allem wenn sie selbst betroffen waren – sei es auf dem Weg zur Arbeit oder bei dringenden Fahrten, die plötzlich zum Stillstand kamen. Zwar gab die Gruppierung im Januar 2024 bekannt, keine Klebeaktionen mehr durchführen zu wollen, aber viele andere Protestarten werden weiterhin ausgeführt, darunter das Besprühen von Gegenständen mit Farbe. Da stellen sich mir Fragen. Zum Beispiel: Was tun Klimakleber, wenn sie nicht gerade protestieren? Sie scheinen viel Zeit für ihre Aktionen zu haben. Aber haben sie reguläre Jobs?

Es ist schwer vorstellbar, dass jemand einen Vollzeitjob hat und trotzdem regelmäßig stundenlang auf den Straßen zu sehen ist. Die Aktionen sind außerdem nicht spontan. Sie erfordern Planung, Koordination und Durchhaltevermögen. Hinzu kommen die Finanzen. Schon die Beschaffung der Materialien – sei es Kleber, Banner oder Flyer – kostet Geld. Und das ist noch nicht alles: Bei jeder Protestaktion riskieren sie Bußgelder oder gar Haftstrafen, die ebenfalls finanziell abgesichert sein müssen. Woher nehmen sie die Mittel, um diesen intensiven Aktivismus aufrechtzuerhalten?

Laut eigenen Angaben finanziert sich die Letzte Generation mittels Spendeneinnahmen und Crowdfunding, und zwar im hohen sechsstelligen Bereich. Das wirft die wohl wichtigste Frage auf: Sind all das Geld und all die Energie und Zeit nicht völlig fehlgeleitet?

Was man den Klimaklebern zugutehalten muss: Sie sind bereit, persönliche Opfer zu bringen. Sie setzen sich nicht nur der Gefahr von Strafen aus, sondern widerstehen auch dem Druck und der Feindseligkeit vieler Mitmenschen. Ich denke an die Autofahrer, die wütend im Stau stehen, oder die Passanten, die mit Unverständnis und Aggression reagieren. Diese Aktivisten stehen all dem gegenüber – immer mit dem Ziel, Aufmerksamkeit für den Klimawandel zu erregen. Das Ziel an sich ist nicht verkehrt, es wird genährt von purer Verzweiflung gegenüber unserer Gesellschaft. Aber ist das der richtige Weg? Zwar ist es irgendwie richtig Punk und Revolte, das, was auch der Motor in den Ursprüngen der Punkrockbewegung war, aber wird dadurch wirklich etwas verändert?

Sicher, sie erzeugen Aufmerksamkeit und viele Menschen sprechen über sie. Aber ist diese Art von Protest langfristig wirksam? Verändert es wirklich die Politik oder das Verhalten der Menschen, wenn der Verkehr für ein paar Stunden stillsteht? Oder führt es am Ende nur zu Wut und Verärgerung? Denken die Betroffenen am Ende wirklich mehr über den Klimawandel nach oder ärgern sie sich nur über die Behinderung ihres Alltags?

Eine für mich nicht nachvollziehbare Aktion der Aktivisten erlebte ich bei einem Unternehmergipfel der Jungen Unternehmer / Familienunternehmer in Berlin, bei dem Unternehmer für ihr Lebenswerk geehrt werden sollten. Eleganz und

Abendgarderobe schufen den entsprechenden Rahmen für die Ehrungen. Vor der Halle wurden die Unternehmer aber mit Farbbeuteln beworfen und ihre Garderobe ruiniert. Einer dieser Unternehmer hatte mit seinem Einsatz, seinen persönlichen Opfern und der Bereitschaft, mehr zu tun, im Rahmen seines Familienunternehmens sein Leben lang Mehrwert und Arbeitsplätze geschaffen. Und nun, am Ende seines Lebens, wurde er von Leuten mit einer Verachtung gestraft, die ihresgleichen suchte. Ob das nun ein Protest gegen die Unternehmer an sich ist, gegen das System oder einfach nur aus Langeweile geschah, ist mir nicht bekannt. Dass so etwas entgegen aller Punkrock-Mentalität geht, ist aber klar. Die Aktion war schlichtweg menschenverachtend und antidemokratisch. Die Freiheit des Einzelnen endet dort, wo die Freiheit des Anderen beginnt. Der Angriff betraf hier einen Menschen, der nichts falsch gemacht hatte, sondern zum Kollateralschaden ausgearteter Ideen wurde. Dass die Protestler anschließend noch feige davonliefen, anstatt sich zu erklären und die Aussprache zu suchen, ließ sie in einem noch schlechteren Licht dastehen als ohnehin schon.

Ein Vorfall, der diese Problematik verdeutlicht, ereignete sich im Porsche-Museum: Einige Klimakleber hatten sich dort festgeklebt, um auf die Umweltbelastung durch Autos aufmerksam zu machen. Doch das Personal des Museums reagierte anders, als die Aktivisten es wohl erwartet hatten. Statt die Protestierenden zur Rede zu stellen oder die Aktion zu stoppen, machten die Mitarbeiter einfach weiter wie gehabt, schalteten am Abend das Licht aus und verließen das Gebäude. Am nächsten Tag beklagten sich die Aktivisten darüber, dass sie keinerlei Aufmerksamkeit erhalten hätten, und riefen sogar selbst die Polizei.[54] Dieses Beispiel zeigt, wie eine Aktion ins Leere laufen kann: Die Aktivisten blieben ungehört und ihr Protest führte zu nichts – weder zu einem Dialog noch zu einer echten Veränderung.

Was könnte man mit dieser Energie und Entschlossenheit stattdessen alles schaffen, wenn sie in andere Bahnen gelenkt würden? Stell dir vor, diese Aktivisten würden ihre Kraft und ihren Willen nutzen, um konkrete, hilfreiche Projekte zu verwirklichen, anstatt Schaden anzurichten! Es gibt so viele Organisationen, die sich mit Nachhaltigkeit und Umweltschutz beschäftigen – warum nicht mit ihnen zusammenarbeiten, statt immer nur den Verkehr lahmzulegen? Es gäbe so viele Möglichkeiten, aktiv etwas zum Guten zu verändern, anstatt nur Aufmerksamkeit und Ärger zu erzeugen. Protest ist wichtig, keine Frage, aber wenn er nur Frustration hinterlässt, was nützt er dann?

Schauen wir uns die Musikbands an, die es schaffen, mit ihrer Kunst Menschen zu mobilisieren. Nehmen wir Green Day. Mit ihrem Song »American Idiot« haben sie nicht nur Kritik an der Politik geübt, sondern eine ganze Generation dazu gebracht, sich mit politischen Themen auseinanderzusetzen. Ihre Musik brachte Menschen zusammen und es entstand eine Bewegung, die weit über den Song hinausging. Ähnlich war es bei Rage Against the Machine. Ihre Texte sind voller politischer Botschaften, doch sie nutzen ihre Musik nicht fürs Negative, sondern um Menschen zu inspirieren und zu motivieren. Diese Bands schaffen es, ihre Kritik in etwas Konstruktives zu verwandeln, das Menschen langfristig erreicht. Warum also nicht diesen Ansatz auf die Klimaproteste übertragen?

Punkrock-Bands protestieren nicht nur lautstark, sondern erschaffen mit ihrer Kunst etwas Positives. Sie nutzen ihre Musik, um eine Bewegung ins Leben zu rufen, die über die reine Kritik hinausgeht. Sie zeigen, dass man mit Kreativität und Engagement viel mehr erreichen kann, als wenn man sich nur auf den Widerstand konzentriert.

Ich frage mich, warum die Klimakleber nicht einen ähnlichen Weg einschlagen. Sie haben die Energie und den Willen, etwas zu verändern. Was wäre, wenn sie diese Kräfte in den Aufbau von Projekten stecken würden und echte Lösungen bieten?

Stell dir vor, sie würden gemeinsam mit Ingenieuren, Wissenschaftlern und Unternehmern an nachhaltigen Ideen arbeiten. Der Klimaschutz braucht Innovationen, er braucht Menschen, die bereit sind, die Zukunft aktiv zu gestalten, und er braucht auch Finanzierung. Besser Geld für Innovationen ausgeben als für Klebstoff, der wahrscheinlich sogar noch umweltschädlich ist.

Es wäre spannend zu sehen, was passieren würde, wenn derartige Klimaaktivisten ihre Energie in produktive Projekte stecken würden. Sie könnten ihre Zeit dafür nutzen, an Kampagnen für erneuerbare Energien mitzuwirken oder nachhaltige Start-ups zu gründen. Die Welt braucht Menschen, die bereit sind, für den Klimaschutz zu kämpfen – aber nicht auf destruktive Art und Weise. Wir brauchen Menschen, die bereit sind, Lösungen zu entwickeln und diese auch umzusetzen. Protest allein reicht nicht aus. Notwendig sind konkrete Taten, die langfristig etwas Positives bewirken.

Wer nur blockiert, bleibt stehen – wer aufbaut, verändert die Welt.

Ich möchte den Protest nicht kleinreden. Jede Bewegung, die etwas verändern will, muss laut sein, muss auf Missstände hinweisen. Doch irgendwann muss sich der Protest auch weiterentwickeln. Es reicht nicht, nur Blockaden zu errichten. Man muss zeigen, dass man bereit ist, aktiv an der Lösung mitzuarbeiten. Wenn Aktivisten wie die Klimakleber das schaffen, könnten sie ihre Botschaft viel glaubwürdiger machen und sicher mehr Menschen auf ihre Seite ziehen. Wer weiß, vielleicht wird eines Tages aus diesem zivilen Widerstand etwas viel Größeres entstehen – etwas, das tatsächlich nachhaltige Veränderungen bewirkt. Solange der Protest jedoch nur aus Blockaden besteht, bleibt die Frage offen: Wohin führt das alles? Es reicht nicht, einfach nur zu blockieren. Man muss auch zeigen, dass man bereit ist, aktiv an der Lösung mitzuwirken, mit Weitsicht zu kommunizieren und sich politisch zu engagieren.

Es steckt viel Leidenschaft dahinter, GEGEN etwas zu sein. Doch der Preis ist zu hoch und wie schon die ärzte singen: »Du bist nicht der Teil der Lösung, du bist selber das Problem.« Energie wird fehlgeleitet und verschwendet. Wer stattdessen FÜR etwas ist, erschafft Energie. Punkrock bedeutet nicht immer nur, gegen etwas zu sein, sondern kann auch für etwas sein.

Vielleicht kennst du auch jemanden, der protestiert, ohne Alternativen anzubieten. Der sich gegen etwas stemmt, aber gleichzeitig nicht klarmacht, wofür er ist. Diesen Menschen fehlt es an dem Wissen und an den Werkzeugen, um ihren Protest in sinnvolle Bahnen zu lenken. Sie sollten ihre Zeit und Energie in eine Bewegung investieren, die nicht nur blockiert, sondern aufbaut. Was wir brauchen, sind Ideen, die allen zugutekommen – darin liegt die wahre Kraft des Protests.

DIE ENERGIE IN DIE RICHTIGE RICHTUNG LENKEN

**»Entlang der Gassen,
zu den Rheinterrassen
Über die Brücken, bis hin zu der Musik
Wo alles laut ist, wo alle drauf sind,
um durchzudrehen.«**

Tage wie diese (Die Toten Hosen)[55]

Die Aktivisten der Letzten Generation haben zweifellos Energie und Entschlossenheit. Doch um echte Veränderungen zu bewirken, muss ihre Kraft gezielt in produktive Bahnen gelenkt werden. Es reicht nicht aus, nur laut zu sein und Aufmerksamkeit zu erzeugen. Der nächste Schritt ist entscheidend: Wie können wir die Energie so nutzen, dass sie langfristig Wirkung zeigt?

Ein konkretes Beispiel, wie Energie sinnvoll eingesetzt werden kann, ist die Geschichte von Patagonia, dem Outdoor-Bekleidungsunternehmen, das für seinen radikalen Fokus auf Nachhaltigkeit bekannt ist. Gegründet von Yvon Chouinard entwickelte sich Patagonia nicht nur zu einem erfolgreichen Unternehmen, sondern auch zu einem Vorreiter im Umweltschutz. Chouinard ging so weit, dass er 2022 verkündete: »Die Erde ist jetzt unser einziger Anteilseigner.« Statt Gewinne für Investoren zu maximieren, werden 100 Prozent der nicht stimmberechtigten Anteile des Unternehmens an die Holdfast Collective übertragen, eine Non-Profit-Organisation, die den Klimawandel bekämpft. Die Gewinne fließen nicht in private Taschen, sondern werden als Dividende ausgeschüttet, um die Umweltkrise zu bekämpfen.[56]

Patagonia zeigt, dass Unternehmen ihre Ressourcen nutzen können, um mehr zu tun, als nur Profit zu generieren. Sie ermutigen ihre Kunden, Kleidung zu reparieren, statt neu zu kaufen. Dieser Ansatz, der den Unternehmenszweck über den Profit stellt, ist ein Beispiel dafür, wie wirtschaftliche Energie in einen echten Wandel umgelenkt werden kann. Statt nur auf kurzfristigen Gewinn zu setzen, schützt Patagonia die Quelle aller Ressourcen und Energie – die Natur selbst – und schafft so eine Bewegung, die langfristig etwas bewegen kann.

Ein weiteres inspirierendes Beispiel ist The Ocean Cleanup, das Projekt des Niederländers Boyan Slat. Als Teenager war Slat schockiert von der Plastikverschmutzung in den Ozeanen und entschloss sich, etwas dagegen zu tun. Statt sich auf Proteste zu konzentrieren, entwickelte er eine innovative Technologie, um Plastikmüll aus den Meeren zu sammeln und die Umweltverschmutzung zu bekämpfen. Heute ist The Ocean Cleanup ein Vorzeigeprojekt im Kampf gegen die Verschmutzung der Meere.[57] Slat beweist, dass der Wille zur Veränderung, gepaart mit Kreativität und Durchhaltevermögen, zu konkreten Lösungen führen kann.

Diese Beispiele zeigen, wie Energie und Engagement in greifbare Projekte umgewandelt werden können, die echte Veränderungen bewirken und trotzdem nachhaltige wirtschaftliche Modelle darstellen. Es reicht nicht aus, nur gegen etwas zu protestieren – der wahre Wandel entsteht, wenn aus Energie etwas Konstruktives entsteht.

Genau dieser Gedanke führt uns zurück zu einer Bewegung, die einst ebenfalls aus purem Protest entstand, sich dann aber zu einer kreativen Kraft entwickelte: dem Punkrock. In den 1970er-Jahren war Punkrock nicht nur eine musikalische Rebellion, sondern eine komplette Absage an das Establishment. Bands wie The Clash und die Sex Pistols verkörperten den Aufschrei einer ganzen Generation, die sich gegen Autoritäten und festgefahrene Strukturen stellte. Doch Punk war mehr als Krach und Chaos – die Bewegung erschuf auch neue Räume, in denen alternative Lebensweisen und Ideen Platz fanden.

Punkrock war ein Protest gegen das Bestehende, aber er endete nicht dort. Aus der Ablehnung des Mainstreams entstanden unabhängige Labels, eine Do-it-yourself-Kultur und neue Netzwerke, die es Bands ermöglichten, sich ohne große Konzerne zu organisieren. Das Rebellische wurde in etwas Eigenes, in etwas Kreatives transformiert. Es ging nicht mehr nur darum, das System zu stürzen, sondern darum, etwas Eigenes aufzubauen. Genau hier liegt die Parallele zu heutigen Bewegungen wie dem Klimaprotest: Die Herausforderung besteht darin, den Übergang von reinem Protest zu etwas Konstruktivem zu schaffen.

Punkrock zeigt uns, wie man Energie, die zunächst auf Zerstörung und Ablehnung ausgerichtet war, in den Aufbau von etwas Neuem lenken kann. Diese Bewegung hat bewiesen, dass aus Frustration und Wut nicht nur Lärm entstehen muss, sondern auch Gemeinschaften, Kultur und neue Strukturen erschaffen werden können. Der Punkrock bot seiner Generation eine Plattform, auf der sie ihre Unzufriedenheit kreativ ausleben konnte – und dabei etwas Bleibendes und Inspirierendes schuf.

Protest ist immer nur der Anfang. Der echte Wandel beginnt dort, wo aus Rebellion Kreativität wird und wo Ablehnung neue Ideen hervorbringt.

Der Punkrock hat es vorgemacht: Aus lautem Widerstand wird etwas Eigenes geschaffen. Unternehmen können das nachahmen. Sie müssen die Herausforderung bewältigen, sich nicht nur gegen die Konkurrenz zu stemmen und gegen den Status quo aufzulehnen, sondern den Übergang zu meistern und ihre Energie, Aufmerksamkeit und Entschlossenheit in die Richtung neuer Innovationen zu lenken.

Denn entscheidend ist nicht, wie laut man war, sondern was man aufgebaut hat. Genau hier liegt das Potenzial – ob in einer Band, einem Unternehmen oder einer Bewegung. Energie in die richtige Richtung zu lenken bedeutet, aus Frustration Kraft zu schöpfen und aus Rebellion etwas Positives zu schaffen.

DAS PUBLIKUM ENERGETI-SIEREN

**»Tanzt du noch einmal mit mir?
Sei einfach nur hier,
Tanzt du noch einmal mit mir?
Bevor das alles explodiert.«**

Tanzt du noch einmal mit mir? (Broilers)[58]

Eine Bewegung oder ein Projekt braucht mehr als nur eine starke Idee. Es braucht Menschen, die sich mitreißen lassen, die den Funken aufnehmen und weitertragen. Jede große Veränderung, jede erfolgreiche Bewegung, sei es in der Musik, im Business oder im Aktivismus, lebt davon, dass die Masse elektrisiert wird. Ohne diese Verbindung bleibt selbst die beste Idee nicht in den Köpfen der Menschen stecken. Die entscheidende Frage lautet also: Wie schaffst du es, diese Energie zu entfachen?

Das Publikum energetisieren bedeutet mehr, als nur eine Botschaft zu vermitteln. Die Herausforderung liegt darin, Menschen zu begeistern, sie zu inspirieren und sie zu aktiven Mitstreitern zu machen. Sie müssen nicht nur informiert, sondern so tief berührt werden, dass sie selbst Teil der Veränderung sein wollen.

Als Teenager besuchte ich ein Punkrock-Konzert in einem kleinen Klub. Ich kannte die Band nicht, wusste nichts von ihren Songs, aber die Energie im Raum war berauschend. Es war kein großes Konzert mit Tausenden Zuschauern, sondern ein enger, verrauchter Raum, in dem die Luft förmlich knisterte. Die Band war laut, direkt und roh – aber das Entscheidende war, dass die Grenze zwischen Band und Publikum verschwand. Die Leute um mich herum sangen die Texte mit, sprangen, tanzten und schienen jede Sekunde voll auszuleben. Es war, als wären wir alle Teil eines größeren Ganzen. Die Band schaffte es, ihre Energie auf uns zu übertragen und plötzlich war ich, ohne die Musik zu kennen, mittendrin und fühlte mich als Teil dieser Bewegung. Das war mehr als nur Musik – es war eine gemeinsame Erfahrung, die zeigte, wie mächtig es ist, wenn das Publikum nicht nur zuschaut, sondern wirklich aktiv mitgerissen wird.

Nur wer das Feuer in anderen entfacht, bringt wirklich etwas Großes in Bewegung.

Diese Art von Energieübertragung ist die wahre Kunst: Menschen so zu berühren, dass sie nicht passiv bleiben, sondern aktiv etwas verändern wollen – und zwar in deinem Sinne.

Auch im Business spielt solche Energie eine entscheidende Rolle. Nehmen wir Unternehmen wie Apple. Steve Jobs war nicht nur ein brillanter Unternehmer, sondern auch ein Meister darin, sein Publikum zu elektrisieren. Bei seinen Produktpräsentationen ging es nie nur um technische Details oder um die Vorstellung neuer Geräte. Jobs schuf eine Atmosphäre, in der es um viel mehr ging: Er vermittelte eine Vision, eine Idee davon, was Technologie in den Händen seiner Kunden bewirken kann. Menschen kauften keine Produkte – sie kauften die Vorstellung, Teil von etwas Größerem zu sein. Sie kauften ein Stück Zukunft. Sie fühlten sich als Mitglieder einer kreativen, zukunftsorientierten Gemeinschaft. Jobs brachte sein Publikum dazu, sich mit seiner Vision zu identifizieren. Er ließ sie spüren, dass sie nicht nur Konsumenten, sondern Mitgestalter dieser Revolution waren.

Aber auch abseits der großen Bühnen und Unternehmen kannst du Menschen energetisieren. Eine meiner eigenen Erfahrungen hat mich darin bestärkt, dass es die kleinen, direkten Begegnungen sind, die die größte Wirkung haben. In einem früheren Job leitete ich ein kleines Team. Wir steckten mitten in einem großen Projekt, das uns alle stark beanspruchte, und die Moral war am Boden. Jeder war müde, überarbeitet und es schien, als hätten wir die Begeisterung verloren. In diesem Moment wusste ich, dass Druck und Zahlen allein nicht ausreichen würden, um uns wieder auf Kurs zu bringen. Also entschloss ich mich, es anders anzugehen. Statt zu predigen, was wir noch alles zu tun hätten, setzte ich mich mit jedem Einzelnen zusammen und sprach über das Projekt, über ihre eigenen Ideen und ihre Vorstellungen und darüber, was sie damit erreichen wollten. Ich ließ sie ihre Gedanken und ihre Kreativität einbringen. Plötzlich veränderte sich die Stimmung. Jeder begann, sich wieder mit dem Projekt zu identifizieren, weil sie das Gefühl hatten, aktiv an der Erschaffung von etwas Neuem beteiligt zu sein. Die Energie, die in diesen Gesprächen entstand, war ansteckend. Müdigkeit verwandelte sich in Motivation, weil die Leute spürten, dass sie nicht nur ein Zahnrad im Getriebe waren, sondern ein wichtiger Teil des Ganzen. Das war für mich ein Schlüsselmoment: Wenn Menschen fühlen, dass sie eine Bedeutung haben und ihre Ideen gehört werden, entwickelt sich eine Dynamik, die über jede Vorgabe hinausgeht.

In jeder Situation – ob Konzert, Meeting oder Aktivisten-Event – kommt es darauf an, diese Verbindung herzustellen. Menschen wollen nicht nur zuhören, sondern Teil von etwas sein. Sie wollen spüren, dass ihre Beteiligung zählt, dass sie gebraucht werden. Wenn diese emotionale Verbindung entsteht, wird eine Energie freigesetzt, die viel weiter reicht als Worte oder Ideen. Menschen das Gefühl zu geben, Teil von etwas Größerem zu sein, braucht es in jedem Bereich – in der Musik, der Wirtschaft oder der Politik.

Ein weiteres Beispiel für die Macht dieser Verbindung ist Bruce Springsteen. Seine Konzerte sind legendär, weil er es wie kaum ein anderer schafft, eine enge Beziehung zu seinem Publikum aufzubauen. Es ist nicht nur seine Musik, die die Menschen fasziniert. Es ist die Art, wie er das Publikum auf eine Reise mitnimmt, es zum Mitsingen bringt und das Gefühl vermittelt, dass jeder einzelne Zuschauer ein wichtiger Teil des Erlebnisses ist. Springsteen gibt den Menschen das Gefühl, dass die Show nur für sie gemacht ist. Das macht ihn so erfolgreich: Er spielt nicht einfach ein Konzert – er schafft eine Erfahrung, bei der das Publikum emotional aufgeladen wird und sich mit ihm verbunden fühlt.

Was können wir daraus lernen? Die Atmosphäre muss so gestaltet werden, dass Menschen nicht nur Zuschauer sind, sondern Mitstreiter. Egal ob Konzertsaal, Unternehmen oder politische Bewegung – das Publikum ist nie passiv. Wenn es gelingt, die Menschen zu aktivieren und ihre Leidenschaft zu wecken, entsteht eine Dynamik, die weit über den Moment hinausgeht. Das Publikum zu energetisieren heißt, es emotional und intellektuell mitzunehmen. Es reicht nicht, nur Informationen weiterzugeben. Die Menschen müssen spüren, dass sie selbst ein wichtiger Teil des Ganzen sind.

Um das zu erreichen, muss deine eigene Begeisterung echt sein, sonst verpufft die Energie. Menschen mit deinem Enthusiasmus anzustecken, ihnen zu zeigen, dass du aus Überzeugung handelst, schafft Vertrauen. Und Vertrauen ist die Grundlage dafür, dass Menschen sich auf dich einlassen und sich emotional engagieren.

Eine klare Vision zu haben, ist dabei ebenso entscheidend. Menschen brauchen eine Richtung, der sie folgen können. Spüren sie, dass ein gemeinsames Ziel größer ist als das jedes Einzelnen, sind sie bereit, sich einzubringen. Wichtig ist nicht nur, was du tust, sondern warum. Deine Vision muss klar und greifbar sein, damit Menschen sich darauf einlassen und das

Gefühl haben, Teil von etwas Bedeutendem zu sein. Letztlich geht es darum, Menschen zu motivieren, nicht nur zuzuschauen, sondern aktiv zu werden. Das Publikum wird dann elektrisiert, wenn es sich als Teil einer Bewegung, eines Projekts oder einer Idee fühlt. Wenn es das Gefühl hat, dass seine Beteiligung den Unterschied macht und dieser Funke überspringt, ist jede große Veränderung möglich.

Wenn du es schaffst, deine eigene Energie auf andere zu übertragen, sei es Mitarbeiter, Dienstleister oder Kunden, entsteht etwas, das größer ist als du selbst. Du bist nicht mehr nur derjenige, der die Botschaft sendet – du wirst zum Katalysator für eine Dynamik, die weit über deine eigene Reichweite hinausgeht.

179

TEIL 10:
DEIN BUSINESS ROCKEN

EINFACH DEIN DING MACHEN

»I've been up and I've been down
And I was kinda hoping
You could be my hero.«

High Hopes (Yours Truly)[59]

Wenn du bis hierhin, von Authentizität bis Rebellion, eines gelernt hast, dann das: Erfolgreiches Business funktioniert nur, wenn du dein eigenes Ding machst. So wie im Punkrock. Jeder kann ein Cover einsingen, aber nur die Besten erschaffen ihre eigenen Songs und ihren eigenen Stil. Dabei kannst du nicht erwarten, dass du es jedem recht machst – das wäre auch der falsche Weg. Die meisten Unternehmer scheitern, weil sie sich zu sehr anpassen. Statt einer kleinen, feinen Zielgruppe versuchen sie die Welt für sich zu gewinnen und gewinnen am Ende niemanden, weil sie keine identifizierbare Marke haben. Sie wollen gefallen, vermeiden Risiken und opfern dabei das, was sie ursprünglich angetrieben hat: ihre eigene Vision. Diejenigen, die Erfolg haben, sind hingegen die, die sich trauen, anders zu sein. Sie folgen ihrer eigenen Linie, egal wie viel Gegenwind ihnen entgegenbläst.

Schau dir Bands wie The Clash an. Die haben den Konflikt und die Kollision mit der Norm schon im Namen. Ihr Sound war roh, wild und oft ein provokanter Mix. Doch genau diese Energie und Kompromisslosigkeit haben sie zur Legende gemacht. Sie haben nicht versucht, in das Standardformat der Musikindustrie zu passen. Im Gegenteil, sie haben die Regeln der Branche gebrochen und eine Bewegung losgetreten, die bis heute nachhallt. Ihr Erfolg kam nicht über Nacht und er kam vor allem nicht durch Anpassung – er kam, weil sie sich geweigert haben, ihren eigenen Stil aufzugeben. In den passenden Worten von Joe Strummer, Sänger und Gitarrist von The Clash, der die Attitüde echter Punkrocker wiedergibt:

»Here's our tunes, and we couldn't give a flying fuck whether you like them or not. In fact, we're gonna play them even if you fucking hate them.«[60]

Dein Business muss genau so funktionieren. Du wirst auf Leute treffen, die dir sagen, wie du es zu machen hast. Aber niemand kennt deinen Plan besser als du selbst. Die größten Innovationen entstehen nicht aus dem Versuch, anderen zu gefallen, sondern aus der Bereitschaft, Risiken einzugehen und dem Altbekannten ans Bein zu pinkeln. Stell dir vor, Nirvana hätten versucht, wie die Popstars der 1990er zu klingen. Sie wären nie das geworden, was sie heute sind: eine Band, die eine ganze Generation verändert hat. Kurt Cobain hatte nie die Absicht, den Mainstream zu bedienen. Er wollte Musik machen, die für ihn Sinn ergab. Und das tat er, selbst wenn es bedeutete, sich gegen die Erwartungen der Musikindustrie zu stellen.

Es gibt unzählige Beispiele von Bands, die es auf ihre Weise geschafft haben und gerade aufgrund ihrer Andersartigkeit erfolgreich waren. Green Day kamen in den frühen 1990ern aus der kalifornischen Punkrock-Szene, wo sie für ihren schrägen Humor und ihre einfachen, aber kraftvollen Songs bekannt wurden. Keiner hätte erwartet, dass sie es jemals in den Mainstream schaffen würden. Aber sie blieben ihrer Linie treu und der Mainstream verwandelte sich zu ihren Gunsten. Ihr Erfolg kam nicht, indem sie sich angepasst haben, sondern durch das Gegenteil: Sie machten Musik, die sie liebten, und der Rest folgte. Trotz des kommerziellen Erfolgs blieben sie dabei ihrer rebellischen Haltung treu.

Auch Die Toten Hosen haben nie aufgehört, gegen das Establishment zu kämpfen, obwohl sie längst zum festen Bestandteil der deutschen Musikszene geworden sind. Sie verkörpern immer noch die Werte, die sie groß gemacht haben: Authentizität, Rebellion und den Willen, die Dinge auf ihre Weise zu tun. In deinem Business musst du den gleichen Mut haben, anders zu sein und deinen eigenen Regeln zu folgen. Es wird immer Leute geben, die sagen, dass du es falsch machst, aber das ist egal. Die größten Unternehmer sind die, die den Mut haben, sich selbst treu zu bleiben, auch wenn der Weg schwer ist.

Das führt zu einem wichtigen Punkt: Du musst bereit sein, Kritik zu akzeptieren. Im Punkrock ist das nichts Neues. Die Sex Pistols, die Ramones und viele andere Bands wurden anfangs belächelt, als unprofessionell oder sogar unhörbar abgetan. Doch sie haben sich nie beirren lassen. Sie haben ihre Sache durchgezogen und am Ende hat sich der Erfolg eingestellt. Diese Haltung ist auch im Business entscheidend. Menschen werden Neuerungen immer zuerst ablehnen. Wenn sich die Neuerung dann aber als erfolgreich herausstellt, werden sie sie überrascht näher inspizieren – und sich schließlich darum schlagen, ebenfalls Teil davon zu sein. Dieser Dreiertakt ist der Rhythmus von Innovationen in der Menschheitsgeschichte und wird sich immer wiederholen, egal um welche Neuerungen es geht. Du wirst also vor allem in der Anfangszeit einer neuen Idee kaum breite Zustimmung bekommen. In der Tat ist es so, dass die innovativsten Ideen am Anfang fast immer skeptisch betrachtet werden. Aber das darf dich nicht aufhalten. Hältst du durch und erschaffst etwas von echtem Wert, hast du damit früher oder später auch Erfolg.

Baust du ein Business auf, ist es genauso, als würdest du eine Punkrock-Band gründen: Du stampfst etwas Neues aus dem Boden, erschaffst etwas aus dem Nichts, das es davor noch nicht gab, und du musst zuallererst an dich selbst glauben, auch wenn es sonst niemand tut. Eine Band ist dann erfolgreich, wenn sie eine unverwechselbare Identität besitzt und an ihr festhält. Dieses Selbstvertrauen, dieses kompromisslose Verfolgen der eigenen Vision, ist genau das, was auch dein Business braucht.

Ein weiteres Beispiel für Musikbands, die mit Erfolg ihr eigenes Ding über Jahre hinweg gemacht haben und machen, sind die ärzte. Sie sind seit Jahrzehnten in der Musikszene bekannt und beliebt, weil sie es immer wieder schaffen, sich neu zu erfinden, ohne ihre Wurzeln zu vergessen. Sie haben es nie darauf angelegt, in den Mainstream zu passen, aber genau das hat sie zu einer der bekanntesten deutschen Rockbands gemacht. Ihre Texte sind provokativ, manchmal auch kontrovers, aber immer ehrlich. Authentizität ist eben nicht verhandelbar.

Bleib also dir selbst und deiner Idee treu; das ist das Allerwichtigste. Wann immer du dich zu sehr auf die Meinungen anderer verlässt, verlierst du den Kontakt zu dem, was dich wirklich antreibt und ausmacht. Die Band Aerosmith hat zum Beispiel nie aufgehört, an ihre Musik zu glauben, auch als sie fast niemand hören wollte und Kritiker sie als billigen Abklatsch der Rolling Stones abtaten. Die Fans haben sich Zeit gelassen, zu Aerosmiths Musik zu finden, aber als sie erst einmal Blut geleckt hatten, war die Band aus der Szene nicht mehr wegzudenken.

Manchmal braucht es Zeit, bis deine Arbeit gewürdigt wird. Aber wenn du dranbleibst und dir treu bleibst, wirst du irgendwann deinen Durchbruch erleben. In der Zwischenzeit gehören Widerstände dazu. Diejenigen, die sich durchsetzen, sind die, die sich nicht verbiegen lassen. Am Ende zählt nur eines: Du musst dein Ding machen, egal ob auf der Bühne oder im Business. Sei mutig, sei rebellisch und hab keine Angst vor schiefen Blicken. Bleib dran, selbst wenn die Erfolge nicht sofort eintreten. Wenn du dein Business so führst, wie ein Punkrocker auf der Bühne steht – voller Leidenschaft und Überzeugung –, wirst du am Ende den Gewinn davontragen. Es gibt keine Garantie für den Erfolg, aber deine Chancen stehen am besten, wenn du dir selbst treu bleibst.

ROCKSTARS SIND UNTER-NEHMER UND UNTERNEHMER SIND ROCKSTARS

»Dann hast du auch bald kapiert, dass der Rock die Welt regiert.«

Unrockbar (die ärzte)[61]

Erfolgreiche Unternehmer und berühmte Rockstars sind aus dem gleichen Holz geschnitzt. Beide leben davon, gegen den Strom zu schwimmen, Neues auszuprobieren und sich nicht an Konventionen zu halten. Sie sind getrieben von Leidenschaft, Risikobereitschaft und dem Drang, etwas Einzigartiges zu schaffen. Genau wie Unternehmer, die ihre Vision verfolgen, arbeiten Rockstars an ihrer Karriere, kämpfen mit Rückschlägen und stehen immer wieder auf. Sie haben nicht nur das Talent, sondern auch den Mut, auf die große Bühne zu gehen und sich dem Publikum zu stellen – egal ob es sich um Konzertbesucher oder Kunden handelt.

Wenn du dir eine Bühne ansiehst, dann denk nicht nur an Musik und Party. Sieh sie als Business-Plattform. Die Musiker darauf sind Unternehmer, die ihr Produkt – sich selbst – in Perfektion vermarkten. Schau dir Rammstein an. Diese Band ist nicht nur wegen ihrer Musik bekannt, sondern vor allem für ihre gigantischen Shows und ein kalkuliertes Image, das bis ins letzte Detail sitzt. Jede Flamme, jedes Kostüm, jede Bewegung auf der Bühne sind Teil eines durchdachten Markenkonstrukts. Die Band spielt nicht einfach nur ihre Songs, sondern inszeniert ein komplettes Erlebnis. Rammstein hat verstanden, dass Erfolg im Musikbusiness genauso funktioniert wie in jedem anderen Unternehmen: durch gezieltes Branding, Marketing und unnachgiebige Kontrolle über ihr Produkt.

Aber auch abseits der Bühne haben sie es drauf. Die Band hat ein Geschäftsimperium aufgebaut – Merchandise, Lizenzen, eigene Festivals. Sie kontrolliert ihre Marke selbst und gibt nichts aus der Hand. Das ist echter Unternehmergeist. Ihr Vorgehen könnte in jedem BWL-Lehrbuch stehen. Ein weiteres Paradebeispiel sind die Beatsteaks. Sie zeigen perfekt, wie du mit Haltung und Authentizität Erfolg haben kannst. Aus der Berliner Punkszene stammend, haben sie sich mit harter Arbeit und ihrem eigenen Stil an die Spitze gekämpft. Was sie besonders auszeichnet, ist ihre Eigenständigkeit.

Die Beatsteaks haben früh erkannt, dass sie im Business wie auf der Bühne den Ton angeben müssen. Merchandise, Festivals und vor allem ihre eigenen Labelstrukturen: Sie gründeten ihr eigenes Label, um die volle Kontrolle über ihre Musik, Vermarktung und kreative Freiheit zu behalten. Sie sind mehr als nur Musiker – sie sind Unternehmer, die ihr Business komplett durchdrungen und verstanden haben. Trotz der Versuchungen des Mainstreams haben sie sich nie den gängigen Regeln unterworfen, sondern ihren Erfolg auf ihre Weise erlangt. Das beweist: Du musst nicht alles so machen wie die anderen, um zu gewinnen.

Auch Die Fantastischen Vier, kurz Fanta Vier, haben längst bewiesen, dass sie mehr sind als nur eine Hip-Hop-Band. Sie haben früh erkannt, dass du als Musiker nicht einfach nur Musik machst, sondern ein Unternehmen führst. Fanta Vier haben sich breit aufgestellt: von eigenen Labels über Eventagenturen bis hin zu den größten Open-Air-Festivals des Landes. Sie haben das Business durchschaut und meistern es, ihre Marke immer wieder neu zu erfinden, ohne dabei ihre Wurzeln zu verlieren. Das ist Unternehmertum in Reinkultur. Ein Produkt – in diesem Fall Musik – entwickeln, immer wieder verbessern und diversifizieren, um langfristig am Markt bestehen zu bleiben. Und das alles mit einer unerschütterlichen Überzeugung und klaren Prinzipien. Sie zeigen, dass du dein eigenes Ding durchziehen kannst, ohne deine Authentizität zu verlieren.

Nun zu dir als Unternehmer. Vielleicht bist du nie vor Zehntausenden von Menschen aufgetreten, aber in deiner eigenen Welt bist auch du als Unternehmer ein Rockstar. Dein Weg war dem eines Musikers wahrscheinlich gar nicht so unähnlich: Du hast vermutlich klein angefangen, dich hochgearbeitet, von Gespräch zu Gespräch, von Kunde zu Kunde. Das war deine Bühne. Jedes Verkaufsgespräch ist ein Auftritt, jede Verhandlung eine Show, bei der es darauf ankommt, zu überzeugen. Der einzige Unterschied? Kein Verstärker und keine Gitarre, aber die Energie ist dieselbe.

So ging es auch mir, als ich in die Geschäftswelt einstieg. Zuerst machte ich den Fehler, mich anzupassen. Das Business war für mich zunächst fremdes Terrain, genau wie es für eine Punkband wäre, die plötzlich auf einer Gala spielen muss. Ich schlüpfte in den Anzug, passte mich den Regeln an, weil es zunächst schien, als sei das der einzige Weg, um erfolgreich zu sein. Ich erinnere mich noch gut daran, wie ich dachte: »Das ist nie mein Ding gewesen, aber gut, ich zieh's durch.« Ein Fehler, den du nicht machen musst, wenn du beherzigst, was ich dir in diesem Buch bis hierher mitgegeben habe.

Zum Glück habe auch ich mich nie komplett verkauft. Der Anzug war zwar Pflicht, aber meine Attitüde, meine Haltung habe ich nicht aufgegeben. Du kannst zwar die Oberfläche verändern – Krawatte hier, gebügeltes Hemd da –, aber der Kern, das, was dich ausmacht, bleibt gleich. Und genau hierzu solltest du zurückkehren, falls du mal vom Weg abgekommen bist. Das hat auch mich dazu befähigt, unser Business auf eine Art zu führen, die authentisch ist.

Es ist wie bei den Fantastischen Vier, die trotz ihrer vielen unternehmerischen Projekte und Verpflichtungen immer noch die Band geblieben sind, die sie waren. Sie spielen nicht plötzlich nur noch Business-Männer und vergessen dabei, was sie zu Beginn erfolgreich gemacht hat. Sie bleiben Musiker, die einfach ein bisschen größer geworden sind. So ist es auch bei mir. Ich bin der, der ich bin. Das Business hat mich nicht komplett verändert – ich mache Business lediglich auf meine Art.

Du kannst das auch. Den eigenen Weg zu gehen bedeutet, Regeln nur dann zu befolgen, wenn sie für dich sinnvoll sind. Unternehmer und Rockstars haben das gemeinsam: Sie müssen ihren eigenen Weg gehen und dabei authentisch bleiben, weil sie sonst nicht funktionieren. Ein Rockstar kann keine Show abliefern, die nicht zu ihm passt. Genauso wenig kann ein Unternehmer ein Produkt abliefern und damit erfolgreich sein, wenn es nicht seinen Werten und Überzeugungen entspricht.

Und ja, ich bin in meinem Leben ein paar Mal hingefallen. Aber weißt du was? So geht es auch den besten Rockstars. Selbst Meat Loaf erlaubte sich mit manchen Alben den Griff ins Klo. Aber nach guter Rocker-Manier stand er wieder auf, ging raus und lieferte etwas Neues ab. Niemand hat jemals eine perfekte Karriere hingelegt, aber die, die weit kommen, sind die, die durchhalten, sich treu bleiben und den Glauben an sich selbst nicht verlieren. Genau das musst auch du tun.

Essenziell dafür ist allerdings, dass du deine Bühne kennst. Du musst wissen, wann es Zeit ist, die Zugabe zu geben, und wann es sinnvoller ist, abzutreten und das nächste Projekt zu starten. Du musst den Mut haben, auch mal laut zu sein, Risiken einzugehen und deinen eigenen Weg zu gehen, dann aber auch einsehen, wenn Umdenken angesagt ist. Vor allem musst du dich allerdings überhaupt erst trauen, rauszugehen und anzufangen.

DIE MACHER-MENTALITÄT

»Denn du schreibst Geschichte
Mit jedem Schritt
Mit jedem Wort
Setzt du sie fort.«

Du schreibst Geschichte (Madsen)[62]

Die Macher-Mentalität ist das, was Unternehmer und Rockstars gleichermaßen antreibt. Es ist dieser Impuls, etwas zu tun, statt nur darüber nachzudenken. Macher warten nicht, bis die Bedingungen perfekt sind. Sie starten mit dem, was sie haben, und erschaffen daraus etwas Großartiges.

Wenn du das erste Mal einen Song hörst, der dich begeistert, ist es wie ein Blitz. Plötzlich weißt du: Das passt. Und genauso ist es im Business. Eine Idee trifft dich, sie verknüpft sich in deinem Kopf und du spürst sofort, dass du sie umsetzen musst.

Diese Emotion, die Begeisterung, ist das, was einen Macher von einem Verwalter unterscheidet. Du kannst nicht einfach beschließen: »Ab morgen bin ich ein Macher.« Entweder du hast das Gefühl im Bauch oder nicht. Es ist diese Begeisterung, die dich antreibt und dich nicht ruhen lässt, bis du etwas erschaffen hast. Es geht um den Moment, in dem du den Mut hast, eine Idee zu verfolgen, ohne zu wissen, ob sie ankommen wird. Diese Haltung trennt die, die tatsächlich etwas bewegen, von denen, die nur darüber nachdenken, was sie hätten tun können.

Ich habe das auch in meiner Karriere erlebt. Wenn ich eine Idee habe, denke ich nicht lange nach. Zack – das Bild ist im Kopf und es geht los. Bei anderen sehe ich es genauso: Sie beginnen sofort mit der Umsetzung. Sie reden darüber, machen Pläne und verwirklichen sie – und zwar zeitnah. Genau das ist es, was eine Macher-Mentalität ausmacht: mehr Taten als Worte.

Eines ist klar: Perfektion bringt dich nicht weiter. Es ist immer der, der handelt, der am Ende die Nase vorn hat. Es gibt so viele Menschen mit tollen Ideen, die sie aber nie umsetzen, weil sie auf den perfekten Moment warten. Doch Erfolg hat nicht der, der die beste Idee hat, sondern der, der sie tatsächlich umsetzt.

Ein anschauliches Beispiel für die Macher-Mentalität ist der Werbespot, den wir vor ein paar Jahren für unser Unternehmen gedreht haben und den ich dir im Kapitel »Psychologische Wirkung« vorgestellt habe. Die Idee entstand spontan und völlig unprofessionell – abends, auf einer Messe, nach ein paar Drinks. Einer unserer Vertriebsmitarbeiter sagte plötzlich: »Wir machen das wie bei einem Banküberfall!« Die Idee war verrückt und niemand wusste, wie wir das umsetzen sollten. Aber anstatt lange darüber zu reden oder sie zu verwerfen, habe ich sofort gesagt: »Lasst uns das machen!«.

Ich rief Julia-Maria an, eine Bekannte, die Werbefilme erstellt, und beauftragte sie, noch in derselben Nacht, das Konzept auf die Beine zu stellen. Obwohl wir kaum Budget hatten und nicht genau wussten, wie es laufen würde, ging das Projekt sofort in die Umsetzung. Es gab kein Zurück. Die Idee war völlig anders als alles, was man in unserer Branche bis dahin gesehen hatte, und genau deshalb wurde sie zum Erfolg. Zuerst hielten uns alle für verrückt, aber kurze Zeit später war unser Werbespot Gesprächsthema Nummer eins. Nicht weil wir die beste Software hatten, sondern weil wir mutig genug waren, anders zu sein und unsere Andersartigkeit auch umzusetzen. Wir haben nicht gewartet, sondern einfach gemacht.

Im Punkrock findest du dieselbe Mentalität. Schau dir Bands wie AC/DC an. Sie haben von Anfang an darauf gesetzt, aktiv zu bleiben. Selbst durch den Tod Bon Scotts während der Aufnahmen für ein neues Album ließen sie sich nicht abbringen und machten mit einem neuen Sänger weiter. Das daraufhin erschienene Album »Back in Black« ist bis heute das weltweit meistverkaufte Album einer Band. AC/DC blieben dran, machten ihr Ding und wurden zu der absoluten Legende, die die Band auch heute noch ist.

Diese Bereitschaft, Risiken einzugehen, zu improvisieren und sich nicht von Hindernissen stoppen zu lassen – ob auf der Bühne oder im Business –, gehört zu einer Macher-Mentalität. Rockstars und Unternehmer haben keine Angst davor, gegen Widerstände zu kämpfen und dabei auch mal zu scheitern. Denn Scheitern gehört dazu. Die besten Lektionen lernst du nicht aus Erfolg, sondern aus den Momenten, in denen etwas schiefgeht und nach denen du dich erneut aufrappelst.

Die Macher-Mentalität zeigt sich darin, den Mut aufzubringen, die Komfortzone zu verlassen, auch wenn es unbequem wird. Abwarten bringt nichts. Nur wer handelt, entdeckt, was wirklich möglich ist. Veränderung entsteht nicht durch Grübeln, sondern durch Taten.

Wie im Kapitel »Am Rand stehen und meckern ist uncool« beschrieben, gibt es viele, die nur am Rand stehen und meckern, anstatt selbst aktiv zu werden. Diese Menschen haben

Angst vor dem Risiko und bleiben lieber in ihrer sicheren Blase gefangen. Aber das ist der Unterschied zwischen denen, die etwas erschaffen, und denen, die nur zuschauen. Die Macher übernehmen Verantwortung, sie stehen auf dem Spielfeld und bewegen etwas. Denn das Leben belohnt diejenigen, die etwas wagen.

Die Welt verändert sich nicht durch die Ideen, die wir im Kopf haben, sondern durch die Schritte, die wir tatsächlich gehen. Nur wer den Mut hat, ins Ungewisse zu springen und dabei auch Fehler zu machen, kann etwas bewegen. Die Macher-Mentalität ist genau das: keine Angst vor dem Scheitern, sondern die Bereitschaft, immer weiterzumachen, bis es funktioniert. Denn es zählt nicht, was du geplant, sondern was du tatsächlich umgesetzt hast.

UNTERNEHMERTUM UND KAPITALISMUS AUS DER VERSTAUBTEN ECKE HOLEN

»I just wanna have some kicks
I just wanna get some chicks
Rock, rock, rock, rock
Rock 'n' Roll High School.«

Rock 'n' Roll High School (Ramones)[63]

Unternehmertum und Kapitalismus werden oft mit verstaubten, starren Strukturen assoziiert: Bürokratie, Hierarchien und ein gnadenloser Fokus auf Profit. Doch diese Vorstellung ist längst überholt. Kapitalismus muss nicht kalt oder unbeweglich sein und Unternehmertum kann viel mehr sein als nur das Streben nach schwarzen Zahlen. Es ist Zeit, den Kapitalismus und erfolgreiches Business aus dieser veralteten Denke herauszuholen.

Unternehmertum als kreativer Akt:

Viele verbinden Unternehmertum mit harten Zahlen, Fakten und Effizienz – dabei ist es im Kern ein kreativer Prozess. Unternehmer erschaffen Dinge, sie lösen Probleme und erfinden sich ständig neu. Ähnlich wie Künstler setzen sie Ideen um, experimentieren und scheitern manchmal, um dann wieder aufzustehen und weiterzumachen. Die besten Unternehmer denken nicht in starren Prozessen, sondern in Möglichkeiten. Stell dir vor, du gründest ein Start-up. Da gibt es keinen festgelegten Weg, keine Anleitung, wie man es »richtig« macht. Du beginnst mit einer Idee, probierst herum, scheiterst vielleicht und entwickelst dich weiter. Irgendwann findest du dann etwas, mit dem du dich identifizierst, und dann funktioniert es. Genau wie Musiker, die ihre ersten Songs in kleinen, verrauchten Klubs spielen, wächst ein Start-up aus Chaos, Experimentierfreude und vor allem aus Leidenschaft. So erschaffst du etwas Einzigartiges – und das ist im Grunde ein kreativer Akt.

Flexibilität statt starrer Hierarchien:

Derartige Kreativität entsteht aber erst, wenn die Prozesse im Unternehmen sie erlauben. Moderne Unternehmen unterscheiden sich hierbei deutlich von den alteingesessenen Unternehmen, die durch strikte Hierarchien gekennzeichnet sind, in denen der Chef das letzte Wort hat und alle anderen folgen müssen. Dieses Modell wird in der modernen Business-Welt immer mehr von flexiblen, vernetzten Strukturen abgelöst. Unternehmen, die heute erfolgreich sind, setzen auf Teamarbeit und flache Hierarchien, in denen jeder Einzelne Verantwortung übernimmt und aktiv zur Lösung von Problemen beiträgt. Es gibt nicht einen metaphorischen Musiker, der das Sagen über die gesamte Band hat, sondern Erfolg entstammt dem Miteinander.

Erfolgreiche Start-ups wie zum Beispiel die Personio-Softwareentwickler haben gezeigt, wie mächtig diese neue Form des Arbeitens sein kann. Hier gibt es keine festen Regeln, keine unflexiblen Strukturen. Jeder bringt seine Ideen ein und Entscheidungen werden gemeinsam getroffen. Diese Freiheit und Offenheit schaffen Raum für Innovationen und neue Ansätze. Auch große Unternehmen beginnen zu verstehen, dass Flexibilität der Schlüssel zu langfristigem Erfolg ist. Unternehmer, die Netzwerke aufbauen und die Eigenverantwortung ihrer Mitarbeiter fördern, schaffen eine Kultur des Vertrauens, sowohl inner- als auch außerhalb des Unternehmens.

Kapitalismus als Werkzeug der Veränderung:

Ähnlich sieht es mit dem Kapitalismus aus. Die meisten sehen ihn als ebenso starres System wie traditionelle Unternehmen, das nur dazu dient, Reiche reicher zu machen. Doch das ist eine veraltete Sichtweise. Richtig verstanden kann der Kapitalismus positive Veränderungen in der Gesellschaft bewirken. Denn gerade Unternehmen haben eine enorme Reichweite und Einfluss. Wenn Unternehmer ihre Kreativität und ihre Ressourcen nutzen, können sie nicht nur höhere Gewinne erzielen, sondern auch echte soziale und ökologische Veränderungen vorantreiben.

Begreife den Kapitalismus als Werkzeug für den Wandel. Erfolgreiche Unternehmen entwickeln nicht nur profitable Geschäftsmodelle, sondern erbauen ihre Firmen auf Werten wie Nachhaltigkeit, Fairness und Innovation. Sie schaffen Arbeitsplätze, hilfreiche Dienstleistungen und Produkte sowie neue Möglichkeiten. Diese Unternehmen verstehen, dass sie nicht nur für ihren eigenen Erfolg verantwortlich sind, sondern auch eine nachhaltige Rolle in der Gesellschaft spielen. Sie brechen mit dem alten Modell des reinen Profits und schaffen etwas, das sowohl ihnen als auch der Gesellschaft langfristig dient.

Kapitalismus neu denken:

Wenn wir den Kapitalismus aus der steifen Ecke herausholen wollen, müssen wir ihn dynamisch und menschlich gestalten. Das bedeutet, dass wir ihn nicht nur als ein System zur Gewinnmaximierung verstehen, sondern als Möglichkeit, Werte zu schaffen, die über den reinen Profit hinausgehen. Unternehmer, die wirklich erfolgreich sind, haben das verstanden. Sie denken nicht nur an Geschäftszahlen, sondern auch an Werte. Sie schaffen nicht nur Produkte, sondern bauen Beziehungen auf – zu ihren Kunden, Mitarbeitern und der Gesellschaft als Ganzes.

Kapitalismus muss nicht steif und berechnend sein. Er kann flexibel, kreativ und menschlich sein, wenn wir ihn so gestalten. Jeglicher Wohlstand, den wir heutzutage haben, entstammt dem Kapitalismus, der uns erlaubt hat, flexibler zu investieren. Und jeglicher weiterer Wohlstand muss nicht in den Händen einiger weniger landen, sondern kann allen zugutekommen.

Unternehmer, die diesen Weg gehen, sehen ihre Firmen nicht als reine Geldmaschinen, sondern als Orte, an denen Menschen etwas für das Gemeinwohl schaffen können. Sie brechen mit den alten Strukturen und setzen auf Teamarbeit, Innovation und vor allem auf Authentizität. Kapitalismus mit Seele, wie ich ihn im Kapitel »Punkrock ist Kapitalismus mit Seele« angesprochen habe, ist hier die neue Devise.

Der Kapitalismus, den wir bisher kannten, basierte auf einem festen Regelwerk, das für viele schon lange nicht mehr passt. Wie klassische Orchestermusik auf einer Jugendparty. Mozart in allen Ehren, aber es ist Zeit, den Kapitalismus neu zu denken und ihn als etwas zu sehen, das ständige Veränderung und Weiterentwicklung ermöglicht. Oder anders gesagt: Wir verpassen dem Kapitalismus ein wenig Punkrock.

Unternehmen müssen sich heute schneller anpassen, innovativer sein und agiler auf neue Herausforderungen reagieren. Genau das ist die Stärke eines flexiblen Kapitalismus: die Fähigkeit, sich immer wieder neu zu erfinden und die gemeinsame Zukunft im Blick zu behalten.

Unternehmer, die sich trauen, die alten Regeln zu brechen, führen den Kapitalismus in die Zukunft. Sie denken nicht mehr in starren Hierarchien oder vorgegebenen Strukturen, sondern lassen sich von Kreativität und Mut leiten. So erschaffen sie Unternehmen, die nicht nur wirtschaftlich erfolgreich sind, sondern auch die Welt ein Stück weit besser machen.

Der Kapitalismus und die Geschäftswelt brauchen wieder mehr Energie, Kreativität und Menschlichkeit. Sie sollten sich dabei eine Scheibe vom Punkrock abschneiden. Unternehmer sind schließlich die modernen Rockstars der Wirtschaft – und genauso wie Rockstars die Musikszene verändert haben, können Unternehmer den Kapitalismus aus seiner verstaubten Ecke holen und aufmischen. Es ist Zeit für frischen Wind, für neue Ideen und für Unternehmen, die mutig genug sind, anders zu denken und zu handeln.

KUTTE, CHAMPAGNER UND KAVIAR: DER WOHLSTANDS-PUNK

**»In dieser Nacht der Nächte,
die uns so viel verspricht
Erleben wir das Beste,
kein Ende ist in Sicht.«**

Tage wie diese (Die Toten Hosen)[64]

Hier sind wir also, am Ende unserer Reise. Wenn du bis hierhin gelesen hast, weißt du: Business und Punkrock gehören zusammen. Sie können und sollten nicht auseinander gedacht werden. Konkret bedeutet das für dich: Du musst nicht blind Regeln folgen oder dem entsprechen, was andere als erfolgreich ansehen. Stattdessen findest du deine eigene Version von Erfolg. Überleg dir, was »Karriere« für dich bedeutet. Wann fühlst du dich erfolgreich? Wenn du ein Millionenbusiness aufgebaut hast? Wenn du anderen dabei geholfen hast, ihr Ding zu machen? Oder wenn du eine neue Generation potenzieller Punkrocker aufgezogen hast, die die Welt auch in Zukunft besser machen? Der Wohlstandspunk steht genau dafür – er verbindet die Freiheit des Punkrocks mit den Chancen des persönlichen Erfolgs, ohne sich dabei selbst zu verlieren.

Wohlstand ist mehr als Geld. Er bedeutet, dein Leben nach deinen eigenen Vorstellungen gestalten zu können. Du entscheidest, ob es heute Champagner sein soll, ein Bier aus der

Flasche oder doch lieber Apfelsaft. Du könntest den teuersten Designeranzug tragen, wählst aber vielleicht dein abgetragenes T-Shirt, weil es sich einfach besser anfühlt. Genau diese Wahl zu haben, ist der wahre Luxus. Es zählt nicht, was du dir leisten kannst, sondern was du wirklich willst.

In meiner eigenen Karriere habe ich gelernt, dass diese Freiheit nicht nur mit Geld zu tun hat. Sie ist das Ergebnis harter Arbeit und der Bereitschaft, für sich selbst einzustehen, auch wenn das bedeutete, gegen den Strom zu schwimmen. Früher dachte ich, Erfolg bedeutet, immer mehr zu wollen: mehr Kunden, mehr Umsatz, mehr Anerkennung. Aber irgendwann habe ich gemerkt, dass echter Erfolg nicht nur auf dem Konto sichtbar ist. Er zeigt sich in dem Spielraum, den du dir erarbeitet hast, um die Dinge so zu tun, wie sie sich für dich richtig anfühlen. Der Erfolg stellt sich ohnehin ein, kein Mensch kann sich gegen positive Energie wehren. Tobias Beck sagt dazu: »Sei du selbst die Veränderung, die du dir wünschst.«[65]

Wahrer Erfolg misst sich nicht in Zahlen, sondern in der Freiheit, dein Leben nach deinen eigenen Regeln zu leben.

Es gab Zeiten, da habe ich mich mehr dem angepasst, was von mir erwartet wurde. Ich trug zwar den Punkrock in mir, aber nach außen hin den Anzug, ging zu den richtigen Meetings, machte Dinge, »wie man es eben macht«. Den Spaß habe ich mir allerdings nie verderben lassen und meine Werte waren auch damals schon klar. Aus der Reihe zu tanzen, lag mir einfach besser, als im Gleichschritt zu marschieren. Aber wenn ich damals bei 80 Prozent war, dann bin ich nun bei 100 Prozent – keine Kompromisse mehr, sondern purer Punkrock. Ich habe kein Interesse an Konferenzsälen, in denen mehr über Statussymbole gesprochen wird als über das Geschäft selbst. Leute reden mehr übereinander als miteinander. Das ist nicht meine Welt. Ich erkannte früh, dass ich nicht in die steife Business-Welt passe, die sich nur um das schnelle Geld und den nächsten Trend dreht. Genau da kam der Punkt, an dem ich entschied: Ich mache mein eigenes Ding.

Diese Entscheidung war der Wendepunkt. Ich wollte unser Business auf meine Weise führen, ohne dabei das zu verlieren, was mich ausmacht. Ich begann, meine Authentizität wiederzuentdecken. Die Kutte kam zurück, der Anzug wurde nur noch dann herausgeholt, wenn es wirklich Sinn ergab. Und ich merkte, dass ich genau dadurch erfolgreicher wurde. Denn Authentizität verkauft sich besser als jede Fassade. Die Menschen merken, wenn du ehrlich bist – und das macht den Unterschied zwischen »Business as usual« und »Business as Punkrock«.

Der Wohlstandspunk verkörpert eine Lebenseinstellung, bei der es nicht darum geht, sich dem System komplett zu entziehen, sondern es für sich zu nutzen, ohne sich davon bestimmen zu lassen. Es geht darum zu verstehen, dass das System nicht das Problem ist – sondern wie du damit umgehst. Erfolg bedeutet nicht, dass du dich anpassen musst. Es bedeutet, selbstbestimmt deinen eigenen Weg zu gehen. Du kannst »Ja« sagen, wenn du etwas wirklich willst, und »Nein«, wenn es nicht zu dir passt.

Ein Beispiel: Als unser Unternehmen zu wachsen begann, kamen viele Ratschläge von außen, dass wir uns ändern müssten, um »seriöser« zu wirken. Man empfahl uns, professioneller aufzutreten und mehr Konventionen zu befolgen. Anfangs dachte ich darüber nach, ob das der richtige Weg wäre. Aber dann wurde mir klar, dass wir gerade wegen unserer rebellischen Attitüde so weit gekommen waren. Wenn wir das aufgegeben hätten, hätten wir unsere Identität verloren. Also entschied ich mich bewusst dafür, die Kutte anzubehalten und den »Champagner« nur dann zu trinken, wenn ich wollte, und nicht, wenn es sittsam war. Das war die beste Entscheidung, die ich für unser Business treffen konnte. Wir blieben authentisch, wir blieben anders, wir blieben wir selbst – und sind heute erfolgreicher als je zuvor. Der Wohlstandspunk versteht, dass echter Erfolg nicht nur im Geldverdienen liegt. Wichtiger ist, man selbst zu bleiben und die eigene Freiheit zu bewahren. Die Punkrock-Bands, die ich immer bewundert habe – Die Toten Hosen, die ärzte, WIZO, Terrorgruppe, Sum 41, Green Day, The Offspring und viele mehr –, haben es genauso gemacht. Sie haben nie das getan, was andere von ihnen erwartet haben. Sie haben ihren eigenen Weg gefunden und dabei stets ihre Haltung bewahrt. Genau das habe ich auch im Business gelernt: Nicht der Umsatz oder die Anzahl der Statussymbole zählen, sondern wie du dein Leben und dein Business gestaltest, was davon nachhaltig übrig bleibt und wer von deinem Handeln erzählt.

Am Ende findest du deine eigene Definition von Erfolg. Der Wohlstand, den du erreicht hast, ist dann auch ein Ergebnis der Fähigkeit, auf dein Bauchgefühl zu hören und deine Werte zu leben. Vor allem profitiert aber sowohl dein Business als auch dein Privatleben davon, wenn du die Denkweisen des Punkrocks auslebst. Markus Knies, ein befreundeter Geschäftspartner, brachte es auf den Punkt, als wir gemeinsam ein PASCOW-Konzert in München besuchten: »Business braucht mehr Punkrock.« Schlussendlich war seine Aussage mit dafür verantwortlich, dass ich dieses Buch geschrieben habe. Ich habe selbst erlebt, wie Punkrock unseren Erfolg mitbestimmt hat, wie er mir zu besseren Freundschaften und authentischeren Beziehungen verholfen hat; wie er aber vor allem dafür verantwortlich ist, dass ich jeden Tag Spaß an dem habe, was ich tue, und nach meinen innersten Werten lebe. Das kannst auch du: Bring den Punkrock in dein Business, erlaube dir, ihn zu leben, verfolge deine Werte und zieh andere mit. Verändere dein Umfeld zum Positiven, bis dein Umfeld ebenfalls in deine Richtung zieht. Du hast den Spielraum, das Leben zu führen, das du willst. Das ist Punkrock und das ist der wahre Luxus.

Was ich dir mitgeben möchte, ist ganz einfach: Du kannst beides haben. Du kannst erfolgreich sein und dabei authentisch bleiben. Du kannst das System für dich nutzen, ohne dich ihm zu beugen. Der größte Luxus, den du hast, ist die Möglichkeit, zu entscheiden, was für dich richtig ist. Nutze die Energie, die du beim Hören der Musik verspürst, und bring sie auf die Straße, ohne dabei kleben zu bleiben.

Also: Trag deine Kutte oder zieh den Designeranzug an, wenn dir danach ist. Trink den Champagner, trink einen Tee oder öffne dir ein Bier. Aber was auch immer du tust – tu es auf deine Weise.

Um dir die Quintessenz noch einmal handlich zusammenzufassen, findest du hier zehn Regeln, ganz im Sinne des Punkrocks:

10 PUNKROCK-BUSINESS-REGELN

1. **Lass mehr Punkrock in deinem Business zu!**
2. **Vergiss nie, woher du kommst!**
3. **Übernimm immer Verantwortung für dein Handeln, egal wie viele Regeln du brichst!**
4. **Sei ein Menschenfreund und kein Arschloch oder Egoist!**
5. **Gestehe Fehler ein und nutze gefühlte Niederlagen als Chance zu wachsen!**
6. **Versprühe positive Energie, sooft es geht und überall!**
7. **Sei ein Macher und zieh andere mit!**
8. **Gib nie auf, deinen Weg zu gehen und für das, was du brennst, zu kämpfen!**
9. **Begreife, dass der Weg zu selbst gesteckten Zielen eine der schönsten und glückbringendsten Reisen überhaupt ist!**
10. **Brich meine Regeln und schaffe deine eigenen!**

DANKSAGUNGEN

Dir, weil du dieses Buch gekauft hast!

Meiner Familie – Mum und Dad. (Was ihr schon mitmachen musstet ...)

Ganz besonders meinem Onkel Jürgen, der leider nicht mehr unter uns ist. Er war wirklich der Einzige, der »Juhu!« geschrien hat, wenn AC/DC bei Familienfeiern aufgelegt wurde.

Oma H., Oma A. und Opa, deren Weisheiten und Werte bis heute in mir verankert sind.

Fräulein Wunderbar.

Miriam, die mich motiviert hat, zu »sein«.

Meinen Arbeitskollegen/-innen und Geschäftspartnern/-innen, besonders im Sales.

In diesem Zusammenhang allen Buchhaltungsmitarbeiter/-innen, die meinen »Punkrock« nicht immer verstanden, aber immer freundlich die fehlenden Belege eingefordert haben.

Allen Freunden aus meiner Heimat Neuwirtshaus/Schwärzelbach sowie Reutlingen, München, Wien und Berlin und anderen Orten dieser Welt.

Allen (Punk-)Rockbands, die mir täglich Energie geben:

Die Toten Hosen, die ärzte, Kraftklub, Feine Sahne Fischfilet, Donots, Tagtraum, Blink-182, The Offspring, Green Day, Rammstein, Sum 41, Simple Plan, SDP, Avril Lavigne, Die Fantastischen Vier, Metallica, Böhse Onkelz, Millencolin, PASCOW, Beatsteaks, Paramore, Wohlstandskinder, WIZO, AC/DC, Adam Angst, Culcha Candela, Broilers, Flogging Molly, Rage Against the Machine, Rise Against, Bad Religion, ITCHY, The Distillers, Foo Fighters, Nirvana, Dropkick Murphys, Madsen, Sportfreunde Stiller, H-Blockx, Antilopen Gang, Jennifer Rostock, Broilers, The BossHoss, NENA, Das Lumpenpack, Slime, Dritte Wahl, Disturbed, Nirvana, Planlos, ANTIHELD, Sondaschule, The Baboon Show, Deine Cousine, Terrorgruppe, System of a Down, The Warning, Limp Bizkit, Montreal, Billy Talent, Irie Révoltés, The Clash, Betontod u. v. m.

Und allen Künstlern, die mit ihrer Musik Menschen emotional erreichen und damit selbstbestimmte Energie freisetzen. OHNE euch wäre alles nichts und MIT euch ist alles möglich!

Denjenigen, die dieses Buch ermöglicht haben:

Franziska, Antje, Kim und Max (Remote Verlag)
Simona, Susann, Katja und Florian (Entfalte Dein Potenzial)

ÜBER DEN AUTOR

Daniel Vogler ist Unternehmer und Rebell zugleich. Als Geschäftsführer der ZMI GmbH, einem Softwarehersteller für den Bereich People & Culture mit dem Fokus auf Arbeitszeitgestaltung, führt er das Unternehmen mit der Attitüde, die er aus seiner Zeit als Sänger einer Punkband mitgebracht hat. Doch der Weg dorthin war alles andere als geradlinig. In seiner Jugend war Punkrock für Daniel das, was ihn geprägt hat – voller Leidenschaft, Anderssein und Regelbrüchen. Doch auf dem Weg in die Geschäftswelt verlor er diesen Teil von sich. Es folgten Jahre im Anzug – angepasst und glatt –, bis er erkannte, dass echter Erfolg nur möglich ist, wenn man sich selbst treu bleibt.

Diese Erkenntnis brachte ihn dazu, den Punkrock zurück in sein Leben zu holen – und damit auch ins Business. Heute zeigt Daniel mit seiner Arbeit, dass man im Business anders denken kann: unkonventionell, authentisch und immer mit dem Mut, Regeln zu brechen. In seinem Buch »Unstoppable: Punkrock your Business« erzählt er, wie er den Punkrock in die Geschäftswelt gebracht hat und warum Authentizität der Schlüssel zu nachhaltigem Erfolg ist.

Daniel lebt vor, dass man Business nicht steif und langweilig betreiben muss. Stattdessen steht er dafür, mutig zu sein, den eigenen Weg zu gehen und dabei Haltung zu bewahren – ganz im Geiste des Punkrocks.

ENDNOTEN

1   Songtexte.com (o. J.): Basket Case Songtext. URL: https://www.songtexte.com/songtext/green-day/basket-case-4bde23de.html (abgerufen am 14.01.25, 16:22 Uhr)

2   die ärzte (o. J.): Junge. URL: https://www.bademeister.com/songs/junge (abgerufen am 02.01.25, 07:14 Uhr)

3   Genius (o. J.): Don't Gimme That. URL: https://genius.com/The-bosshoss-dont-gimme-that-lyrics (abgerufen am 02.01.25, 07:31 Uhr)

4   Die Toten Hosen (1988): Hier kommt Alex. URL: https://www.dth.de/diskographie/songs/hier-kommt-alex (abgerufen am 02.01.25, 07:33 Uhr)

5   Simple Plan CZ (o. J.): Loser of the Year. URL: https://www.simpleplan.cz/en/index.php/band/discography/loser-of-the-year/ (abgerufen am 02.01.25, 07:37 Uhr)

6   BS Akademie (o. J.): Die Gesetze der Gewinner. URL: https://shop.bodoschaefer-akademie.de/products/die-gesetze-der-gewinner (abgerufen am 17.01.25, 6:52 Uhr)

7   Songtexte.com (o. J.): So Long Songtext. URL: https://www.songtexte.com/songtext/donots/so-long-33b4c8f5.html (abgerufen am 02.01.25, 07:39 Uhr)

8   Rammstein-HQ (o. J.): Mein Herz Brennt – Sydämeni palaa. URL: https://www.rammstein-hq.com/lyriikat/mutter/01.mein_herz_brennt.php (abgerufen am 02.01.25, 07:42 Uhr)

[9] OMR (2024). Über uns. URL: https://omr.com/de/ueber-uns (abgerufen am 04.11.24, 08:20 Uhr) und Klotz, Nina Anika (2024): »Früher habe ich mich gefragt: Ist das irgendwann vorbei? Ist man dann zu alt für das hier?«. URL: https://www.businessinsider.de/gruenderszene/media/omr-gruender-philipp-westermeyer-lesseons-learned/ (abgerufen am 04.11.24, 08:20 Uhr)

[10] Klotz, Nina Anika (2024): »Früher habe ich mich gefragt: Ist das irgendwann vorbei? Ist man dann zu alt für das hier?«. URL: https://www.businessinsider.de/gruenderszene/media/omr-gruender-philipp-westermeyer-lesseons-learned/ (abgerufen am 04.11.24, 08:33 Uhr)

[11] Genius.com (o. J.): The Kids Aren't Alright Lyrics. URL: https://genius.com/The-offspring-the-kids-arent-alright-lyrics (abgerufen am 14.01.25, 16:32 Uhr)

[12] Geffroy, Edgar K., persönliches Gespräch im Rahmen eines Interviews.

[13] Simple Plan CZ (o. J.): I'm just a kid. URL: https://www.simpleplan.cz/en/index.php/band/discography/im-just-a-kid/ (abgerufen am 02.01.25, 07:46 Uhr)

[14] Songtexte.com (o. J.): Anarchy in the U.K. Songtext. URL: https://www.songtexte.com/songtext/sex-pistols/anarchy-in-the-uk-3bd22400.html (abgerufen am 02.01.25, 07:47 Uhr)

[15] Everlong (2022): Everlong Song Lyrics. Learn the Words to the Foo Fighters Song. URL: https://everlongsong.com/lyrics (abgerufen am 02.01.25, 07:49 Uhr)

[16] AvrilLavigne Wiki (o. J.): Nobody's Fool. URL: https://avrillavigne.fandom.com/wiki/Nobody%27s_Fool (abgerufen am 02.01.25, 07:52 Uhr)

[17] P!nk Wiki (o. J.): Do What U Do. URL: https://pink.fandom.com/wiki/Do_What_U_Do (abgerufen am 02.01.25, 07:55 Uhr)

[18] Epitaph (2013): Beatsteaks: Hand in Hand. URL: https://www.epitaph.com/artists/beatsteaks/release/smack-smash/track/hand-in-hand (abgerufen am 02.01.25, 07:57 Uhr)

[19] Rolling Stone (2015): Die Toten Hosen: Geheimkonzert gegen Rechts. URL: https://www.rollingstone.de/die-toten-hosen-geheimkonzert-gegen-rechts-831013/?utm_source=chatgpt.com (abgerufen am 27.11.2024, 07:47 Uhr)

[20] Die Toten Hosen (2004): Freunde. URL: https://www.dth.de/diskographie/songs/freunde (abgerufen am 02.01.25, 07:58 Uhr)

[21] InspireIP. (2022): Google's 80/20 Rule: How It Really Works to Drive Innovation. URL: https://inspireip.com/google-80-20-rule-innovation/ (abgerufen am 05.12.2024, 11:29 Uhr)

[22] AZ Lyrics (o. J.): Blink-182 Lyrics: »The Rock Show«. URL: https://www.azlyrics.com/lyrics/blink182/therockshow.html (abgerufen am 02.01.25, 08:01 Uhr)

[23] Broscheit, Elmar (2024): persönliches Gespräch über WhatsApp, 28. November 2024.

24 Songtexte.com (o. J.): Deine Gang Songtext. URL: https://
    www.songtexte.com/songtext/kraftklub/deine-gang-
    534cd391.html (abgerufen am 02.01.25, 08:05 Uhr)

25 Lyrics (2004): Deine Schuld. URL: https://www.lyrics.
    com/lyric/13051050/Deine+Schuld   (abgerufen   am
    02.01.25, 08:07 Uhr)

26 Die   Landesregierung   Nordrhein-Westfalen   (2024):
    Staatspreis des   Landes   Nordrhein-Westfalen   an
    Die Toten Hosen verliehen. URL: https://www.land.
    nrw/startseite/staatspreis-des-landes-nordrhein-
    westfalen-die-toten-hosen-verliehen   (abgerufen   am
    04.11.24, 09:01 Uhr)

27 Die   Landesregierung   Nordrhein-Westfalen   (2024):
    Staatspreis des   Landes   Nordrhein-Westfalen   an
    Die Toten Hosen verliehen. URL: https://www.land.
    nrw/startseite/staatspreis-des-landes-nordrhein-
    westfalen-die-toten-hosen-verliehen   (abgerufen   am
    04.11.24, 09:01 Uhr)

28 Fuss, Birgit (2022) in Rolling Stone: Campino: »Ich bin
    der Pandemie für nichts dankbar!«. URL:
    https://www.rollingstone.de/campino-corona-ich-
    bin-der-pandemie-fuer-nichts-dankbar-2248421/ (ab-
    gerufen am 14.10.24, 07:15 Uhr)

29 Songtexte.com (o. J.): Still Waiting Songtext. URL: https://
    www.songtexte.com/songtext/sum-41/still-waiting-
    1bded93c.html (abgerufen am 02.01.25, 08:09 Uhr)

30 Songtexte.com (o. J.): SOS Songtext. URL: https://www.
    songtexte.com/songtext/millencolin/sos-g7385d659.
    html (abgerufen am 02.01.25, 08:11 Uhr)

[31] Die Toten Hosen (2002): Steh auf, wenn du am Boden bist. URL: https://www.dth.de/diskographie/songs/steh-auf-wenn-du-am-boden-bist (abgerufen am 02.01.25, 08:14 Uhr)

[32] SpringsteenLyrics.com (o. J.): The River. URL: https://www.springsteenlyrics.com/lyrics.php?song=theriver (abgerufen am 02.01.25, 08:15 Uhr)

[33] die ärzte (o. J.): Lasse redn. URL: https://www.bade-meister.com/diskografie/lasse-redn (abgerufen am 02.01.25, 08:17 Uhr)

[34] Songtexte.com (o. J.): Good Riddance (Time Of Your Life) Songtext. URL: https://www.songtexte.com/songtext/green-day/good-riddance-time-of-your-life-43de23c3.html (abgerufen am 02.01.25, 08:20 Uhr)

[35] Fancourt, Daisy & Williamon, Aaron (2016): Attending a concert reduces glucocorticoids, progesterone and the cortisol/DHEA ratio. Public Health, 132, 101–104. https://doi.org/10.1016/j.puhe.2015.12.023

[36] Miranda, Dave & Claes, Michel (2009): Music listening, coping, peer affiliation and depression in adolescence. Psychology of Music, 37(2), 215–233. https://doi.org/10.1177/0305735608097245

[37] die ärzte (o. J.): Kopfüber in die Hölle. URL: https://www.bademeister.com/songs/kopfueber-in-die-hoelle (abgerufen am 02.01.25, 08:21 Uhr)

[38] Dunklerort.com: Onkelz Wiki: Die Firma. URL: https://dunklerort.com/lexicon/index.php?entry/190-die-firma/ (abgerufen am 02.01.25, 08:24 Uhr)

[39] Branson, Richard (2010): Business Stripped Bare: Adventures of a Global Entrepreneur. Virgin Books, London.

[40] Genius (o. J.): Fuck the system. URL: https://genius.com/Blumentopf-fuck-the-system-lyrics (abgerufen am 01.01.25, 09:25 Uhr)

[41] die ärzte (o. J.): Demokratie (our bass player hates this song). URL: https://www.bademeister.com/songs/our-bass-player-hates-this-song (abgerufen am 02.01.25, 08:28 Uhr)

[42] Taxi Berlin. (2024, 26. Juni). Uber kündigt künftige bundesweite Zusammenarbeit mit Taxiunternehmen an. Taxi Berlin News. https://www.taxi-berlin.de/news/uber-kuendigt-bundesweite-zusammenarbeit-mit-taxi-unternehmen-an/ (abgerufen am 17.10.24, 08:08 Uhr)

[43] Songtexte.com (o. J.): Songs für Liam Songtext. URL: https://www.songtexte.com/songtext/kraftklub/songs-fur-liam-3b985020.html (abgerufen am 02.01.25, 08:31 Uhr)

[44] Isaacson, Walter (2011): Steve Jobs, Simon & Schuster, New York

[45] Die Toten Hosen (1993): Wünsch Dir was. URL: https://www.dth.de/diskographie/songs/wuensch-dir-was (abgerufen am 02.01.25, 08:32 Uhr)

[46] Songtexte.com (o. J.): Should I Stay or Should I Go? Songtext. URL: https://www.songtexte.com/songtext/the-clash/should-i-stay-or-should-i-go-7bd23e1c.html (abgerufen am 02.01.25, 08:34 Uhr)

47 Limbeck, Martin (o. J.): Nicht gekauft hat er schon. URL: https://limbeckgroup.com/buecher/nicht-gekauft-hat-er-schon/ (abgerufen am 17.01.25, 07:13 Uhr)

48 Redline Verlag: Das Einzige, was stört, ist der Kunde. URL: https://www.m-vg.de/redline/shop/article/5933-das-einzige-was-stoert-ist-der-kunde/ (abgerufen am 17.01.25, 07:17 Uhr)

49 Songtexte.com (o. J.): Sklave Songtext. URL: https://www.songtexte.com/songtext/kraftklub/sklave-g23f0e893.html (abgerufen am 02.01.25, 08:35 Uhr)

50 Songtexte.com (o. J.): Quadrat im Kreis Songtext. URL: https://www.songtexte.com/songtext/wizo/quadrat-im-kreis-23dcc8af.html (abgerufen am 02.01.25, 08:38 Uhr)

51 AZ Lyrics (o. J.): Paramore Lyrics: »You First«. URL: https://www.azlyrics.com/lyrics/paramore/youfirst.html (abgerufen am 02.01.25, 08:40 Uhr)

52 Die Toten Hosen (2004): Ich bin die Sehnsucht in dir. URL: https://www.dth.de/diskographie/songs/ich-bin-die-sehnsucht-in-dir (abgerufen am 02.01.25, 08:42 Uhr)

53 Songtexte.com (o. J.): Schüsse in die Luft Songtext. URL: https://www.songtexte.com/songtext/kraftklub/schusse-in-die-luft-4b4cd392.html (abgerufen am 02.01.25, 08:44 Uhr)

54 Focus online (2022): Bei Porsche festgeklebte Klima-Aktivisten forderten Schüsseln für Notdurft. URL: https://www.focus.de/regional/niedersachsen/festgeklebte-klima-aktivisten-verlangten-schuesseln-

fuer-ihre-notdurft_id_168012949.html (abgerufen am 17.01.25, 07:26 Uhr)

55 Die Toten Hosen (2012): Tage wie diese. URL: https://www.dth.de/diskographie/songs/tage-wie-diese (abgerufen am 02.01.25, 08:45 Uhr)

56 Chouinard, Yvon (2022): Earth is now our only shareholder. URL: https://www.patagonia.com/mx/ownership/ (abgerufen am 17.01.25, 07:29 Uhr)

57 The Ocean Cleanup (o. J.): The Largest Cleanup in History. URL: https://theoceancleanup.com/ (abgerufen am 17.01.25, 07:34 Uhr)

58 Songtexte.com (o. J.): Tanzt du noch einmal mit mir? Songtext. URL: https://www.songtexte.com/songtext/broilers/tanzt-du-noch-einmal-mit-mir-1b874154.html (abgerufen am 17.01.25, 07:38 Uhr)

59 AZ Lyrics (o. J.): Yours Truly Lyrics: »High Hopes«. URL: https://www.azlyrics.com/lyrics/yourstruly/highhopes.html (abgerufen am 02.01.25, 08:50 Uhr)

60 Strummer, Joe (2000) über die Sex Pistols. Web Archiv, The Joe Strummer Resource. URL: https://web.archive.org/web/20111005220200/http://www.joestrummer.us/?n9P81fmSnwwFUbhFAMuAAxe6bb31IUP&p=2&aOHDhtT57WPxn9Z7bWGQa3BBQbFVu17LfZSa&c=1&CxeQAdg5hVrrDtzOUCasLrnVGV7&XUZHs (abgerufen am 23.10.24, 16:36 Uhr)

[61] die ärzte (o. J.): Unrockbar (Single-Edit). URL: https://www.bademeister.com/songs/unrockbar-single-edit (abgerufen am 02.01.25, 08:52 Uhr)

[62] Songtexte.com (o. J.): Du schreibst Geschichte Songtext. URL: https://www.songtexte.com/songtext/madsen/du-schreibst-geschichte-73da0a55.html (abgerufen am 02.01.25, 08:53 Uhr)

[63] AZ Lyrics (o. J.): Ramones Lyrics: »Rock 'n' Roll Highschool (Ed Stasium Version)«. URL: https://www.azlyrics.com/lyrics/ramones/rocknrollhighschooledstasiumversion.html (abgerufen am 02.01.25, 08:56 Uhr)

[64] Die Toten Hosen (2012): Tage wie diese. URL: https://www.dth.de/diskographie/songs/tage-wie-diese (abgerufen am 02.01.25, 08:57 Uhr)

[65] Beck, Tobias (2024): Tobias Beck Blog. URL: https://www.tobias-beck.com/blog/ (abgerufen am 24.11.24, 07:11 Uhr)

WEITERE QUELLEN

Songtexte.com (o. J.): Engel (Rammstein Cover) Songtext. URL: https://www.songtexte.com/songtext/feuerschwanz/engel-rammstein-cover-g334e60b1.html (abgerufen am 02.01.25, 07:44 Uhr)

Stonedeafproduction (2019): SPD feat. Capital Bra – Viva la Dealer. URL: https://www.youtube.com/watch?v=zVHn5U4xRi0 (ab 1:12) (abgerufen am 02.01.25, 07:13 Uhr)